手嶋泰伸

加藤友三郎

政党政治を見透した軍人政治家

中公選書

はじめに

近代日本の海軍軍人のなかで、国際的に高い評価を得ていた人物は、それほど多くない。戦前で最も知名度・評価ともに高かった日本の海軍軍人は、おそらく東郷平八郎だろう。東郷は日露戦争時に連合艦隊司令長官を務め、日本海海戦での勝利により名声を得た。その評価は東郷の戦術眼や決断力など、軍人としての能力に対してのものだ。

そして、東郷に勝るとも劣らず、国際的に知名度・評価の高かった海軍軍人がいた。加藤友三郎《ともさぶろう》である。たしかに加藤は日本海海戦時の連合艦隊参謀長だったが、その評価された点は東郷とはまったく異なる。

高橋是清内閣の海相（海軍大臣）だった加藤は、一九二一年から二二年に開かれたワシントン会議で日本側の首席全権を務めた。加藤は難航する交渉を調整し、ワシントン海軍軍縮条約や九ヵ国条約の調印を主導する。国際協調の時代とも表現される戦間期の、新しい国際秩序の先導者とも言えよう。

ワシントン会議以前、第二次大隈重信内閣から原敬内閣にかけても海相を務めていた加藤は、八八艦隊（新鋭の戦艦八隻・巡洋艦八隻からなる艦隊）の建造を目指し、海軍の拡張を推し進めた。それにもかかわらず、軍縮の世界的な意義と必要性を認め、その八八艦隊を放棄して軍縮条約をまとめる決断をする。加藤は、欧米の政治家や新聞記者からこうした卓見を激賞される。加藤は、軍人でありながらその政治的識見を評価されていた。

「日本海軍創建の父」と呼ばれた山本権兵衛は、明治期に日本海軍を世界有数の勢力に育成し、その政治力を評価されている。だが、海軍の軍備を拡張していながら、加藤は政治手腕ではなく、政治的な視野の広さの方を評価される軍人政治家だった。

しかし、その加藤友三郎は、どこまでいま知られているだろうか。加藤は一九二二年から二三年にかけて首相も務めたが、多くの日本人が知っている人物ではないだろう。加藤に関するまとまった史料が残されておらず、長らく学術的に分析することが困難であったことも、知名度に影響しているかもしれない。

戦後日本の歴史学は主に陸軍の動向に関心を集中させ、海軍に関する研究は立ち遅れていた。しかし、近年、海軍に関する研究は急速に進展し、その問題関心や分析対象も多様化している。[*1] そのようななかで、まとまった史料がなく、学術的な分析の少なかった加藤に関する研究や、加藤に言及する研究も徐々に増えてきた。

例えば、政党政治の確立過程の研究が進み、陸海軍のなかで政党政治にどのように対応しようとしたのかが分析されている。[*2] その際、海軍の代表的な人物として、加藤は注目されている。[*3]

また、軍と世論との関係も、近年注目を集めている。大正デモクラシーとも呼ばれる政治潮流のなかで、加藤は世論を意識し始めた先駆的軍人の一人だったと指摘されている。[*4]

加藤の人生を通観すると、浮かび上がってくるのは、先見性と視野の広さである。

加藤は海軍に入ってから常に優秀だった。海軍兵学校を次席で卒業して以降、藩閥とは無縁の広島出身ながら、重要なポストに起用され続けた。だが、その優秀さの質は、時期によって異なる。加藤は軍務局軍事課長という、海軍の中枢ポストを経験したことはあったが、日清・日露戦争のため、四〇代半ばまでは艦隊勤務が多かった。日清戦争で、加藤は最新鋭艦の吉野の砲術長を任されており、優秀な砲術家と評価されていた。

加藤友三郎（1861〜1923）

第二次大隈重信内閣で初入閣すると、寺内正毅《まさたけ》内閣を経て原敬内閣まで、先述したように、八八艦隊という巨額の財政支出を伴う海軍の軍拡を推し進めた。海相として、海軍の組織利益を獲得しようとするその姿勢は、海軍内での評価を高める。

しかし、ワシントン会議の全権に就くと、大所高所から軍縮条約調印の必要を認める。

帰国後は政党政治の時代に向けての準備を整えようとする。海相のポストを軍人が占有することに課題を見出し、軍人ではない文官の登用にまで言及する。さらに、首相に就くと、軍縮の実現やシベリア撤兵といった仕事だけでなく、普通選挙の導入につながる選挙法の改正にも関心を寄せるようになる。

加藤はその時々のポストで必要なことが何であるのかを考え、周囲の期待以上の成果を挙げた。加藤の特異性は、国際会議の首席全権や首相といった、海軍の領域を踏み越えたポストに就いても、それが可能だったことである。だからこそ彼の識見は高く評価されたのだ。

本書では、最新の海軍研究の成果を踏まえつつ、加藤友三郎の軌跡を追う。政党政治が徐々に定着していく時代、軍人だった加藤は政党と世論にどのように向き合ったのか。そして、その後の日本に残したものとは何であったのか、その意義を考えていく。[*5]

目次

加藤友三郎——政党政治を見透した軍人政治家

凡例

・年号は基本的に西暦を用いる。ただし、時期の叙述には必要に応じて和暦も用いる。
・旧字はおおむね新字に統一する。ただし、人名・地名などの固有名詞は必ずしもこの限りではない。
・史料を引用する際には、句読点を適宜補った。また、漢字カタカナ交じり文はひらがなに直し、歴史的仮名遣いは極力現代の表記に改めた。
・「支那」「満洲」などは現在では不適切な呼称であるが、史料引用の場合はこれをそのまま用いる。
・法令の引用に際しては、『法令全書』及び国立公文書館の原本など複数の手段で確認をとっているため、出典は付さなかった。
・帝国議会の議事録は帝国議会会議録検索システムを用いた。
・軍艦名のあと、（ ）内に排水量を示す。軍艦の排水量については、以下の文献に拠っている。

日本海軍　海軍歴史保存会編『日本海軍史　第七巻　機構　人事　予算決算　艦船　航空機　兵器』（同刊、一九九五年）

外国海軍　*Conway's All the World's Fighting Ships 1860–1905* (London, 1979)

・人名の敬称は省略した。

第1章　海軍軍人への道程

生い立ち

加藤友三郎は文久元年（一八六一年）二月二二日、広島大手町に、加藤七郎兵衛の三男として生まれた[*1]。

七郎兵衛は広島藩士で、学問の才覚が認められて、藩の学問所（のちの修道館）の助教授に登用された。妻の竹との間には三男三女をもうけ、友三郎は末っ子である。一番上の長女静と友三郎とは二〇以上も歳が離れていた。

幕末の政局のなか、七郎兵衛は他藩との連絡に奔走していた。文久三年（一八六三年）、江戸の藩邸で病気となり、八月五日に死去した。友三郎には、父の記憶はほとんどなかったであろうと思われる。

父が留守がちであり、早くに世を去ったため、友三郎は母と姉、兄に育てられることになる。姉の静は同じ大手町に住む辻家に嫁いだが、早くに夫を亡くした。ただ、その後も辻家にとどまり、近所の実家の様子も気にかけていたのだろう。友三郎は晩年になっても、広島を通るたびにこの姉

母・竹

友三郎（中央左）と17歳違いの兄・種之助（中央右）と

のもとを訪れ、姉も友三郎の来訪を楽しみにしていた。[*2]

兄の種之助は弘化元年（一八四四年）の生まれである。父の死後、家督を継いだのち、戊辰戦争の際には、上野の彰義隊との戦闘や、会津での戦闘に参加した。その後、陸軍中尉に任じられたのち、海軍少尉に転じた。一八七七年の西南戦争の際には再び陸軍中尉となって参加し、終戦後にまた海軍少尉となり、のちに海軍大尉に進む。

幼い頃の友三郎はやんちゃで、随分と母や姉、兄を困らせたようだ。姉の静は後年、友三郎が首相となった際、「あの潔癖の悪戯者《いたずらもの》の『友』が、そんな御国の御用に立つようになったかと思うと、夢のようです。あれは小さい時から潔癖な利かぬ気の子でありましたが、又なかなかの腕白者で、刀を振廻して喧嘩をしたり、石合戦をするという風で、何時《いっ》も小言の尻を持ち込まれ、末はどうなるかと案じて居りました」と述べている。[*3]

広島でやんちゃな幼少期を過ごした友三郎は、仕官した兄に伴われて、一八七二年二月に上京した。築地本願寺の一室に兄とともに仮住まいしながら、自分も仕官するために、受験勉強をしたと思われる。

海軍に入る

海軍少尉であった兄の影響がどれほどあったかは定かでないが、友三郎は上京した翌年の一八七三年一〇月、海軍兵学寮予科に入学して、海軍士官への第一歩を踏み出した。

入試は身体検査に作字（「書翰往復差支なきや」）と読書（「四書史略の類素読出来候や」）であった。[*4]友三郎の前年に海軍兵学寮を受験した原敬が不合格となっており、[*5]当時として簡単な試験では決してなかったが、藩校の教師を父に持ち、兄からも漢学の手ほどきを受けていたであろうと思われる友三郎は突破した。

海軍兵学寮とは、海軍士官養成のために、一八六九年に築地に開設された海軍操練所を、一八七〇年に改称したものである。

一八七一年の海軍兵学寮規則では、海軍兵学寮には幼年学舎と壮年学舎が置かれている。幼年学舎は一五～一九歳を対象にした教育を行うもので、これが海軍の士官養成課程である。壮年学舎は二〇～二五歳を対象にした、民間船舶の幹部養成を目的とした課程である。[*6]

数えで一三歳の友三郎が兵学寮に入学できたのは、友三郎が受験をした一八七三年の一月に、入学年齢が一三～一五歳に改められたからである。[*7]

海軍兵学寮規則では、幼年学舎は二年の予科と三年の本科に分かれている。[*8]だが、予科のほうは実際の修業年限を、かなり柔軟に運用していたようだ。

予科では漢文のほかに、英学や数学などの授業があった。ただし、その英学のなかには、地理学や天文書、「万国歴史」や「海軍歴史」といった内容が含まれている。[*9] 要するに、英語の教科書を用いてなされる幅広い学問分野の総称であった。

当時の日本は初等・中等教育が整備されておらず、入学する生徒のレベルにはかなりの差があった。予科で扱われる内容も多岐にわたっており、一律に入学年次のみで学年を定めるのが難しかったのだと思われる。そのため、必ずしも予科で二年学ばないと本科に進めないというわけではなく、年齢と本人の能力次第で、随時本科に編入させるという措置がとられていたようだ。

例えば、友三郎と同じ一八七三年一〇月に兵学寮に入った者のなかには、斎藤実《さいとうまこと》（当時は富五郎、一八五八年生）や山内万寿治《やまのうちますじ》（一八六〇年生）がいた。[*10] 彼らは、予科で一年学んだのち、海兵第六期として本科に進んでいる。[*11]

予科入学時に最年少だった友三郎は、予科で三年学んだのちに、一八七四年一〇月に予科に入学した生徒とともに、七六年九月に本科に進んでいる。本科に進んだ三四名のうち、一八七三年に入学したのが友三郎や斎藤孝至《こうし》（のちに海軍中将）をはじめとした五名、七四年に入学したのが島村速雄をはじめとした二九名である。

海兵七期

一八七六年九月に本科に進んだ三四名のうち、八〇年一二月に三〇名が卒業する。彼らが海兵第七期ということになる。

この期にはのちに将官となった者が多い。

まず、海軍大将では、友三郎のライバルであり、親友となる島村速雄がいる。卒業時の席次は、島村が首席で友三郎が次席であった。島村は友三郎が海相を務めていた一時期に海軍軍令部長を務めて、友三郎とともに海軍を運営することになる。友三郎よりわずかに早く一九二三年一月に死去し、元帥の称号が贈られた。

その他に、吉松茂太郎、藤井較一《こういち》らも大将となる。吉松茂太郎は連合艦隊司令長官などを歴任し、一九二〇年八月に予備役編入となった。藤井は横須賀鎮守府司令長官などを務めたのち、吉松と同じく一九二〇年八月に予備役編入となる。吉松と藤井を予備役に編入した海相は、友三郎であった。友三郎は、海兵七期で最も長く現役にとどまったことになる。吉松は性格は温厚だったようだが、同期で一番出世し、自分たちを予備役に編入した友三郎に対して、のちに恨み言を述べることがあったようだ。[*12]

海軍中将となった者では、斎藤孝至・松本和《やわら》・野元綱明《つなあきら》・伊地知彦次郎・伊地知季珍《すえたか》・坂本一がいる。のちにシーメンス事件で逮捕される松本和の名前が目をひく。また、伊地知彦次郎は、日本海海戦の際、友三郎が連合艦隊参謀長として乗っていた戦艦三笠《みかさ》（一万五一四〇トン）の艦長を務めている。

この海兵七期で友三郎と特に親交が深かったのが、伊地知季珍であった。伊地知は海軍兵学寮に通っていた頃の友三郎について、「在学中、敢《あえ》て勉強家と云《い》う程にもあらず。又《また》別に秀才なりとも考えず。何等《なんら》他の学生と異る所無きように思い居りしが、先天的に非凡の頭脳を有したるものと見え、最初の内こそ成績普通なりしも、歳月を経るに従いて学業漸次優秀となり、遂《つい》に第二位を以《もっ》て卒業するに至れり」と語っている。[*13]

明治初期の海軍では、薩摩出身者の影響力が非常に強かった。明治期の海軍大将への進級者一五名のうち、一三名が薩摩出身者で占められていたほどである。

しかし、山本権兵衛が海軍運営の実権を握った一八九〇年代半ば以降、大規模な人員整理が行われ、薩摩閥は淘汰されていった。薩摩閥全盛の頃は、海軍兵学校出身者は信頼をなかなか得られなかった。だが、一九一二年に、海兵五期の出羽重遠《でわしげとお》が海軍大将となったことを皮切りに、薩摩出身者でない海軍兵学寮・兵学校卒業者が海軍大将に昇進するようになる。山本は藩閥よりも、海軍兵学校出身者を重用していた。

それと同時に、海軍兵学校の卒業席次（いわゆる「ハンモック・ナンバー」）が、昇進に重要な意味を持つようになる。[*14]海軍における昇進の速さは、大尉の時期までの仕事ぶりや海軍大学校への入校などによって多少は変動するものの、基本的には海軍兵学校の卒業席次がその基礎となっていた。[*15]もちろん、海軍兵学校卒業時の席次が低くても、大将や中将に昇進した者は数多くおり、あくまでも全体的な傾向という意味に過ぎない。

ただ、海兵七期についてみれば、同期中最も早く少将に昇進して将官となったのは首席である島村速雄であり（一九〇四年六月）、その次に少将となったのが、次席の友三郎であった（一九〇四年九月）。日露戦争中に将官となったのは、海兵七期ではこの二人だけである。

海兵七期の面々は議論好きが多かったようだが、友三郎はそれにあまり加わらずに、勉強に励んだそうである。友三郎は在学中、帽子を真っ直ぐにかぶったことがなかったことから、同期は友三郎を「横シャッポ」と呼びながら、少しとっつきにくいところのある友三郎と交流を結んだ。[*16]

明治初期、海軍の課題

島国である日本にとって、国防のために海軍が重要であるという認識は、幕末から多くの政治家や軍人が抱いていた。だが、明治政府は当初、十分な軍艦建造予算を確保することができなかった。戊辰戦争後に、明治政府は幕府や諸藩から接収した艦船を収納したが、一八七四年時点で日本海軍の勢力は軍艦一五隻、総排水量一万三七七三トンに過ぎなかった。[*17]

一八七四年の佐賀の乱や七七年の西南戦争など、国内反乱が続くなかでは、陸軍の整備に注力せざるを得ない。貧弱であった海軍の軍備の整備は、一向に進まなかった。

軍艦の建造には莫大な経費がかかる。だが、一八九六年まで、海軍省予算が陸軍省予算を超えたことはない。一八七〇年代は陸軍省予算の半分程度しか海軍省予算は認められていない。一八七〇年代、日本海軍が保有していた軍艦は二〇隻に満たなかった。[*18]

一八七五年に約三一〇万円をつぎ込み、日本初の本格的甲鉄艦である扶桑《ふそう》（三七七七トン）と、金剛《こんごう》・比叡《ひえい》（ともに二二五〇トン）がイギリスに発注され、一八七八年に日本に回航された。ヨーロッパでは一万トン級の戦艦が建造され始めていた時代である。日本の海軍力は脆弱だった。

もう一つの明治初期の海軍の課題が、技術・人材の育成である。

日本は江戸時代、大船の建造を幕府が禁じており、対外的な接触も最小限にされていた。そのため、造船技術や航海術、砲術など、海軍に必要な多くの技能を育成していかなければならないというのも、明治期の海軍にとっては大きな課題となる。

先述のように、一九世紀末、世界の軍艦は急速に大型化していき、帆船から蒸気機関を備えた甲鉄艦へと移り変わっていった。一九世紀の海軍技術は日進月歩であり、日本の海軍は基礎すらもないなかで常に最新の技術を追い求めざるを得なかった。

実地訓練

初期の海軍兵学寮のスタッフの半数あまりは旧幕臣であり、旧幕府海軍が黎明期の海軍教育を支えていたことは無視できないものの、[*19]この時期の海軍士官養成に大きな影響を与えたのは、イギリス海軍少佐のアーチボルド・ルシアス・ダグラスだ。このダグラスを中心とした三四名の軍事顧問団（ダグラスのほかに士官五名、下士官一二名、水兵一六名）が、一八七三年七月から海軍に技術伝習を開始する。ダグラスは一八七五年に帰国するまで海軍兵学寮で海軍技術の伝習を行った。ダグラス帰国後も新しい教官がイギリスから招聘され、一八九九年まで、のべ六九名のイギリス人をはじめとした外国人が、海軍兵学校を中心とした海軍の諸学校で教鞭をとった。[*20]

ダグラスの方針は徹底した実地訓練である。一八七四年二月、ダグラスの発案で野戦砲の実習が行われ、[*21]五月には筑波（一九七八トン）を練習艦として、初めての練習航海が実施された。[*22]同年、摂津（九二〇トン）も練習艦に指定される。

友三郎が本科に進んだとき、すでにダグラスは帰国していたが、ダグラスが導入した練習航海は定着していた。友三郎は一八七九年九月に筑波乗組みを命じられ、一一月まで日本近海の練習航海に参加した。友三郎の人生初の海上生活となった。

翌一八八〇年四月、再び筑波乗組みを命じられた友三郎は、兵学校教育の締めくくりとして行われる遠洋航海に出発する。太平洋を横断し、カナダのヴァンクーヴァー、アメリカのサンフランシスコ、ハワイのホノルルなどを訪れた。

一〇月に帰国した海兵七期の生徒は、一二月に海軍兵学校を卒業し、海軍少尉補に任じられる。友三郎は海軍兵学校通学（通学士官）を命じられた。

この通学士官制度は、一八八八年六月まであったものだ。海軍技術と人材の育成が課題であった明治初期、海軍兵学校の教育期間だけでは不十分だった。そこで、海軍に関する様々な技術・技能を引き続き習得・研究させるために、兵学校を卒業して少尉補となった士官及び少尉の士官に（許可されれば、中尉以上も可）、海軍兵学校への通学を命じるのである。[*23]

友三郎は一八八一年三月に練習艦乾行《けんこう》（五二二トン）に、九月には練習艦摂津に、八二年四月には龍驤《りゅうじょう》（二五三〇トン）に乗組みを命じられた。七月には、龍驤の艦長に、のちに海軍軍令部長となる伊東祐亨《ゆうこう》が着任する。

そして、龍驤にて加藤定吉や山下源太郎ら海兵第一〇期生とともに、一八八二年九月から一一月に九州地方への練習航海に参加した。その後、一八八二年一二月から八三年九月までニュージーランド、チリ、ペルー、ハワイを巡る遠洋航海に従事する。

記念すべき日本海軍初の南米への遠洋航海であったが、出港の翌月である一八八三年一月一五日、龍驤は火薬庫から出火し、火災に見舞われる。友三郎は危険を顧みずに弾薬を海中に投下し、被害の拡大を防いだ。[*24]

さらに、この航海の最中、龍驤では大量の脚気《かっけ》患者が発生する。往路のニュージーランドからチリに向かうまでの間から脚気患者は増加し始めた。[*25]

友三郎が脚気になったかどうかの記録はない。当時は脚気が新鮮な食材を摂取できないことによるビタミン欠乏症であることはまだわかっておらず、感染症とも考えられていた。そのため、ペルーのカヤオ港ではわずか四日しか休息をとれずに、ハワイに向けて出港している。[*26]

困難の多かった遠洋航海から帰国後、友三郎は一〇月から再び海軍兵学校通学を命じられる。なお、一一月には海軍少尉となった。翌一八八四年一〇月に海軍兵学校通学士官課程を修了する。友三郎が海軍兵学寮予科に入ってから、一一年が経っていた。

砲術の第一人者

友三郎は通学士官課程の修了に先だって、摂津への乗組みと砲術掛を命じられている。その後、分隊士として摂津で一年五ヵ月を過ごし、一八八六年二月に海軍兵学校砲術教授心得兼生徒分隊士心得を命じられた。兵学校本科から友三郎は砲術を学んでいたが、ここからは砲術を教授する立場になったわけである。

当時の海軍兵学校条例では少佐もしくは大佐が務める砲術教授長のもとに、大尉・中尉八名が砲術教授として割り振られることになっていた。友三郎はこのとき少尉だったので、砲術教授心得兼分隊士心得となったわけだが、一二月に海軍大尉に昇進したのちには、砲術教授となった。

当時の兵学校には、外国人の砲術教師がまだ雇用されていた。[*27] 日本人教官だけでは十分な砲術教育を行えなかった一方で、砲術教授の一人となった友三郎が、日本海軍の砲術家のなかでは、その知識・技能を認められていたことがわかる。

ちなみに、友三郎が兵学校で砲術を教えていたとき、予科にはのちにワシントン会議で対立することになる加藤寛治《ひろはる》や、日本海海戦時に三笠の砲術長を務めていた安保清種《あぼきよかず》（当時は林清種）が在籍していた。二人とも、友三郎から砲術の手ほどきを受けたことになる。

翌一八八七年七月、分隊長として筑波に乗組んだ友三郎は、海兵一四期の生徒を指導しながら、九月より北米方面への遠洋航海の途についた。友三郎にとっては三度目の遠洋航海である。サンフランシスコからメキシコのアカプルコ、パナマ、南太平洋のフランス領タヒチ島、ハワイを訪れたのち、[28]翌年七月に帰国している。艦長は野村貞《ただし》で、友三郎と海兵で同期の藤井較一も乗組んでいた。

この遠洋航海中、友三郎はアメリカ公使館付武官の斎藤実に、「何分此方《このほう》は四十余名の生徒乗船居る事故《ことゆえ》、船内ごたごた許《ばかり》〔中略〕多少他士官よりも多忙の義も有之候《これありそうろう》」と書簡を送っている。[29]航海に慣れない生徒を率いてのことなので、多忙で苦労の多い遠洋航海であったようだ。

なお、この遠洋航海に参加した海兵一四期には、友三郎が第二次大隈重信内閣に海相として入閣した際、海軍次官を務めていた鈴木貫太郎や、東郷平八郎の著作を数多く書くことになる小笠原長生《ながなり》がいた。小笠原は、友三郎の指揮ぶりが簡単明瞭で、評判がよかったと回想している。[30]

帰国した友三郎は新設されたばかりの海軍大学校副官を命じられたのち、一一月に海軍大学校甲号学生の一期生となった。

海軍大学校は、一八八八年七月の「海軍大学校官制」第一条に「海軍大学校は海軍将校に高等の学術を教授する所とす」と定められた教育機関である。[31]校舎はこの年に海軍兵学校が江田島に移転したので、築地の校舎をそのまま用いた。

海軍大学校には甲号、乙号、丙号の三種の学生がおり、甲号は砲術、水雷、航海、機関の各科長及び各科教官の職に適する学術を一年間で学ぶ学生である。[32]

つまり、友三郎はこの甲号学生になることにより、いよいよ軍艦の砲術長となることが期待されたのだと言える。

甲号学生一期生には、兵学校で一期上の滝川具和《ともかず》や、同期の松本和がいた。

一八八九年七月に海軍大学校を卒業した友三郎は、砲術訓練のための練習艦となっていた浅間（一四二二トン）への乗組みを命じられた。そこにおいて、砲術長となる資格を備えるに必要な課程を終え、一八九〇年三月に浅間艦長よりその証明書を授与された。[*33]当時の浅間の艦長は、東郷平八郎である。

こうして、友三郎は日本海軍の大きな期待を受けて、新鋭の巡洋艦高千穂（三七〇九トン）の砲術長に補せられた。

山本権兵衛の知遇を得る

一八八二年に海軍卿の川村純義《すみよし》が太政官政府に提出した海軍拡張計画により、イギリスのアームストロング社に発注され、ニューカッスルのエルジック工場で建造されたのが、巡洋艦の浪速《なにわ》（三七〇九トン）と高千穂である。両艦は一八八六年六月と七月に相次いで日本に回航された。

高千穂は主武装が二六センチ砲二門とはいえ、一八九三年に「三景艦」（後述）が加わるまでは新鋭艦であり、砲術長に補せられた友三郎が大きな期待を寄せられていたことがわかる。友三郎が着任する一八九〇年五月の直前まで、陸海軍連合大演習のため、高千穂は明治天皇の御召艦に指定されていた。[*34]

山本権兵衛

友三郎が高千穂の砲術長に着任してから四ヵ月後の九月、高雄（一七七四トン）艦長から高千穂の艦長に、山本権兵衛が転任してくる。明治の海軍整備に極めて大きな役割を担うことになる山本権兵衛と、友三郎が職務上の直接のつながりをもつ契機となる。一応、友三郎が海軍兵学寮の予科に入学した際に、山本も本科に在籍していたが、歳も離れており、かかわりがあったかどうかは定かではない。両者の経歴を対照させると、日常的に両者が接するようになるのは、この高千穂勤務時代だったと考えてよいだろう。

二人がともに高千穂で勤務していたのは、友三郎が横須賀海兵団分隊長として転出する一八九一年四月までのわずか七ヵ月間で、山本も六月には高千穂艦長から海軍省大臣官房主事となった。山本はその後、海軍内での人材発掘を積極的に進めていた海相の西郷従道《つぐみち》に才を見出され、海軍経営に辣腕《らつわん》をふるうことになる。[*35]

友三郎と山本が勤務をともにした期間はそれほど長くはなかったが、山本は砲術家・実務家としての友三郎を高く評価したようである。友三郎はのちに、山本の引き立てによって、数多くの要職を経験することになる。友三郎も後々まで、「山本伯《はく》は恩人也《なり》」と述べていた。[*36]

一方、山本は海兵七期首席の島村速雄を、それほど評価しなかったようである。島村は常備艦隊

（のちの連合艦隊）の参謀長などに抜擢されるも、海軍中央の要職とはまったくと言ってよいほど縁がなかった。山本が海軍省大臣官房主事を務めていた一時期、島村は海軍省第一局（軍務局に相当）第二課員として勤務していたため、職務上の接触の機会はあったのだろうが、山本が島村を中央の要職から遠ざけた理由は定かではない。

友三郎が山本のもとで海軍省の要職に据えられることから、山本は友三郎に単なる砲術家にとどまらない、実務家としての才を感じ取ったのではないかと考えられる。

山本が海軍経営の実権を握った一八九〇年代半ば以降、薩摩出身の老朽将官の多数は予備役に編入され、兵学校卒業者が重用されていったということは先述した。山本は尉官時代から兵学校出身者の重用を上層部に進言していた。[*37] 山本は大臣官房主事となってから、薩摩藩出身者以外を積極的に登用していく。さらに海相となってからは次官に斎藤実（岩手）を抜擢し、山内万寿治（広島）に軍需部門を、坂本俊篤《としあつ》（長野）に教育部門を預けていく。[*38] 山本を見出した海相の西郷従道は、斎藤実に特に期待しており、[*39] 山本の抜擢人事は西郷の方針を継続するものであった。

友三郎も山本によって、軍務局で勤務する機会をたびたび与えられる。この点については、次章以降で述べたいが、友三郎が山本の知遇を得るきっかけが、高千穂での勤務であったことは確認しておきたい。

ちなみに、このときの高千穂には少尉候補生として、のちに海相となる財《たから》部《べ》彪《たけし》や、海軍大将となる竹下勇《いさむ》が乗組んでおり、常備艦隊長官の井上良馨《よしか》と、常備艦隊参謀として斎藤実も乗艦していた。

家族との別れ、新しい家族

一八九〇年七月、友三郎は結婚した。相手は旧広島藩士恵美鉄允の二女喜代子である。この妻との間に、友三郎は一人娘である喜美子（キミ子）をもうけることになる。

友三郎は結婚に伴い、住まいを東京市芝区西久保城山町に移した。

友三郎の母の竹は、種之助と友三郎を追うように、一八七四年に上京している。しばらくは仮住まいだった種之助が居を定めたので、呼び寄せたのだろう。

友三郎が別に居を構えると、以後は種之助と友三郎の家を往来して余生を送っていた。最期は、友三郎が高千穂の砲術長をしていた一八九〇年一二月、当時友三郎が住んでいた芝区西久保城山町の家で病死した。[*40]

友三郎の結婚と竹の死去という、慶事と不幸が入り交じった年となったが、加藤家には翌年にも不幸が続く。父の記憶のほぼない友三郎にとっては父親代わりであった、兄の種之助の死である。

海軍に勤めていた友三郎の兄種之助は、海軍大学校の副官を最後に依願退職し、麻布の我善坊谷で暮らしたのち、一八九一年一一月に病死する。[*41] 種之助がなぜ海軍を辞めたのかはわかっていない。

だが、『元帥加藤友三郎伝』では、あえて「閑居」という言葉を使っており、何かの事業を志したなど、前向きな理由で退職したわけではなさそうである。

友三郎は父代わりとなって自分を育ててくれた兄のことを慕っていた。後年、種之助とともに戊辰戦争を戦った者で、生き残っていた七〇名あまりを招待して歓待し、兄の思い出話を語り合っている。[*42]

だが、友三郎は兄の四十九日の法要を営むこともできず、イギリスに出張することになる。

三景艦と吉野の建造

日本の海軍は基本的にイギリス海軍をモデルにしており、風習など細部にイギリスの影響がみられる。だが、当時世界最大の海軍国であったイギリスのように、大型艦を大規模に整備する財政的余裕は日本にはなかった。そのため、一八八六年に来日したフランスの造船技官ルイ＝エミール・ベルタンの意見を容れ、日本海軍はフランス式の小型艦の整備に注力した計画を策定する。ベルタンの設計に基づき、二隻をヨーロッパに発注し、一隻を日本で建造することになった。

ヨーロッパに発注した二隻は、両方ともベルタンと密接な関係にあるフランスのフォルジュ・エ・シャンティエ・ドゥ・ラ・メディテラネ社で一八八八年から建造が始まった。これらがのちに、厳島《いつくしま》（四二七八トン）・松島（四二七八トン）となる。

日本で建造するもう一隻は、横須賀造船所で同年に建造が始まり、のちに橋立（四二七八トン）となる。[*43]

これら三隻の巡洋艦は、日本三景を艦名としており、「三景艦」と呼ばれる。

この三景艦の建造と日本への回航は予定より大幅に遅れることになる。ベルタンはこの三景艦の設計に、よく言えば先進的、実態としてはヨーロッパでも実用化されていない技術を数多く盛り込んだ。厳島と松島はともに、一八八九年竣工を予定していたが、厳島が竣工したのは九一年九月、松島にいたっては九二年四月であった。加えて、厳島は日本への回航途上、故障が続発し、さらに日本への回航が遅れる。日本に到着したのは、厳島が一八九二年五月、松島が同年一〇月であった。

なお、横須賀造船所で建造された橋立の工事も、予定より大幅に遅れる。日本の造船技術の低さや材料調達の遅延など、ベルタンの責に帰せられないような理由もあるが、竣工までに約六年を要し、日清戦争開戦の約一ヵ月前である一八九四年六月に、ようやく常備艦隊に編入された。[*44]

そのため、同型巡洋艦の四番艦として計画されたのちの秋津洲《あきつしま》（三一五〇トン）は、設計をやり直して一八九〇年から横須賀造船所で建造される。

当時、緊張感が高まる極東アジアを、ヨーロッパ各国の兵器メーカーは重要なマーケットとみていた。ベルタンの意見に見切りをつけた日本は、イギリスからの売り込みもあり、[*45]再び軍艦の建造方針をイギリス式に戻す。

海軍の整備に重要な影響を及ぼすことになるのが、一八八九年二月に発布された大日本帝国憲法によって設置される帝国議会だった。

帝国憲法第六四条「国家の歳出歳入は、毎年予算を以て、帝国議会の協賛を経べし」によって、明治政府は議会を無視して自由に予算を決定することができなくなった。衆議院で多数を占める立憲自由党や立憲改進党などのいわゆる民党は、「経費節減・民力休養」をスローガンに、明治政府の軍備拡張案を批判し、予算の大削減を行う。

海相の樺山資紀《かばやますけのり》は大規模な海軍事業計画を第一次山県有朋内閣に提出するが、財源不足を理由に修正を迫られた。そうして削減した予算案も、一八九〇年一一月から九一年三月にかけての第一回帝国議会で紛糾する。

民党は政府提出の原案のうち、予算全体の約一割にあたる約七五〇万円を削減しようとした。そのため、第一回議会からの解散を避けるため、山県内閣は自由党土佐派を取り込み、削減幅を六五〇万円程度とすることで妥協が成立する。

これによって、ようやく二隻の巡洋艦を建造できることになる。一八九二年から、一隻は横須賀造船所で須磨（二六五七トン）として建造し、もう一隻はイギリスのアームストロング社に発注し、同社のエルジック工場で吉野（四二一六トン）として建造が始まった。この吉野が、友三郎のイギリス出張の理由となり、また、日清戦争時に友三郎が砲術長として乗組む艦となる。

イギリス出張

一八九一年、二つの出来事をきっかけにして、日本の対外的危機意識は急速に高まる。

一つは、一八九一年五月一一日に起きた大津事件である。ロシア帝国の皇太子ニコライ（のちのロシア皇帝ニコライ二世）がシベリア鉄道の極東での起工式に出席するため[*46]、一八九〇年に竣工したばかりのパーミャチ・アゾーヴァ（六六七四トン）でアジアを訪問した。途中、ロシア極東艦隊のアドミラル・ナヒモフ（八五二四トン）らと合流し、香港に寄港したのち、[*47]日本を訪問する。

長崎にはロシア極東艦隊の大部分の軍艦が集結しており、ニコライは艦隊を率いて神戸に寄港、上陸した。ニコライは訪問した各地で歓迎されるが、京都から琵琶湖観光に向かったニコライを、警備の警察官津田三蔵が切りつけ、負傷させる事件が起こる。

日本の狼狽《ろうばい》振りは凄まじく、明治天皇が事件翌日の深夜には京都に到着し、ニコライを見舞ったほか、朝野を挙げてニコライにお詫びの手紙や品物が届けられた。

多くの日本人が危機感を抱いたのが、ヨーロッパの大国ロシアと戦争をする国力を日本が有していないばかりか、日本海軍が対抗できない規模を有するロシア艦隊が、神戸に停泊していたことである。

さらに、もう一つの出来事として挙げられるのが、清国北洋水師（清国末期の清国海軍の主力で、北洋通商大臣である李鴻章《りこうしょう》の指揮下にある艦隊。北洋艦隊）の日本巡航である。ドイツのフルカン造船所で建造された、当時の極東地域有数の甲鉄艦で、三〇・五センチ砲を搭載した定遠（七三四〇トン）と鎮遠（七二二〇トン）を含む、新鋭六艦を主力とした清国北洋水師は、長崎・呉・神戸を歴訪したのち、一八九一年七月五日に品川に入港した。名目は親善巡航であったが、明らかに清国海軍の軍事的示威行動であり、清国海軍の威容と、日本海軍の貧弱さが内外に印象付けられることになった。

当時の日本で最も大きい軍艦であり、唯一の甲鉄艦は扶桑である。排水量では定遠・鎮遠の半分程度しかないうえ、老朽化していた。極東地域での海軍力の劣勢を挽回すべく、三景艦と吉野の完成が急がれた。三景艦には定遠・鎮遠に対抗するため、艦の大きさに不釣り合いな三二センチ砲が搭載されていたし、予算が承認されたばかりで、イギリスで建造される吉野は、清国海軍に対抗する切り札として期待された。

そうした、日本の期待を受けた吉野が建造されるイギリスに、造兵監督官として友三郎は出張することになった。結婚してからまだ一年四ヵ月ほどしか経っておらず、先述の通り、父代わりに自分を育ててくれた兄を亡くしたばかりだったが、友三郎は一八九一年一一月、イギリスに旅立つ。

一二月三一日にフランスのマルセイユ港に到着し、トゥーロンに移動して、そこで年越しとなった。[*48]当時、トゥーロンでは松島が建造中であり、その視察であったと思われる。イギリスにもほどなく到着する。

イギリスでの造兵監督官としては、アームストロング社の工場でストライキが発生したため、工事の遅れを心配するなど、[*49]気苦労の絶えない勤務だったようである。

一八九三年六月、友三郎は最新鋭艦吉野の回航委員及び砲術長となる。小型の船体に無理なく多くの速射砲を搭載した吉野は、速力と打撃力を兼ね備えた艦であり、日本への速やかな回航が待たれた。

吉野艦長には河原要一、副長には坂元八郎太が就いた。航海長は梶川良吉、水雷長は村上格一《かくいち》、他に、井出謙治や秋山真之《さねゆき》も乗組んでいた。

一八九三年九月三〇日にアームストロング社より引き渡された吉野に、一〇月五日に日本回航の指示が下り、呉に帰着したのは翌九四年三月六日であった。神戸や大阪を巡航した吉野は、熱烈な歓迎を受けた。[*50]

友三郎がイギリスに出発したとき、妻喜代子のお腹には子どもがいた。一八九二年六月、長女喜美子の誕生の報を、友三郎はイギリスで受け取ることになる。喜美子をその手に抱くことができたのは、誕生から一年以上経ってからだった。

それも束の間、帰国してから約四ヵ月後の一八九四年七月、日清戦争が勃発し、友三郎は佐世保から出征する。

第2章　日清・日露戦争への出征——連合艦隊参謀長へ

日清戦争の勃発

大陸進出の足掛かりとして、一九世紀末、日本は軍事力を背景に朝鮮への介入を深めていく。そこで朝鮮の宗主権をめぐり清と対立する。

一八八四年の甲申政変の結果、日清間で結ばれた天津条約は日本の朝鮮半島への進出を長らく拘束していた。この条約により、日本は朝鮮半島から軍隊を撤収させたうえ、以後、日清のどちらかが朝鮮半島に出兵する場合には、事前通告することが取り決められた。全面戦争に発展することをおそれ、約一〇年間、朝鮮半島への派兵は控えられた。

だが、一八九四年一月に甲午農民戦争が発生し、五月に朝鮮政府は清に援兵を要請する。事前にその情報を得た第二次伊藤博文内閣も、六月二日に出兵を決定する。折しも、第六回帝国議会で前回議会での衆議院の解散を非難する動きが激しく、そうした不満をそらすためにも、出兵は第二次伊藤内閣にとって都合がよかった。*1

清国側の出兵規模は一五〇〇人程度であった。それに対し、日本側は居留民保護を理由としながらも、その目的に不相応な大規模な部隊を派遣する。第五師団の兵力を中核とした二個連隊を基幹とする第九混成旅団約八〇〇〇人（旅団長は大島義昌）であり、独立して作戦を展開することが可能な規模の派兵である。

何らの成果もなく撤兵できないなかで、日本は清に対して、共同での朝鮮の内政改革を提議した。だが、清は朝鮮半島の混乱が収束していることを理由に、日本側の提案を拒否する。日本はそれを口実に、さらに対決姿勢を強めていった。日清間での対立では、日本側がかなり前のめりになっていたことが明瞭である。

朝鮮政府は日清両軍に対して、朝鮮半島からの撤兵を要請する。だが、第二次伊藤内閣は開戦への口実を探す。現地駐留部隊と公使の大鳥圭介に、開戦に漕ぎつけ、日本軍に有利な環境を構築するよう指示が出た。国王高宗《コジョン》を捕まえたうえで現政府を打倒し、高宗の父大院君を担ぎ出す計画が練られる。七月二三日、日本軍は朝鮮兵と戦闘となりながらも、王宮を占領する。

公式には、日清戦争は七月二五日に開戦したものとされる。だが、貪欲《どんよく》に開戦の口実を探していた日本側は、そのために清と協同歩調をとろうとする朝鮮をも敵国のなかに含めることを考える。二三日の朝鮮王宮の占領はその表れである。最終的に、二五日に豊島《ほうとう》沖海戦が起き、清との戦端が開かれたことから、日本は朝鮮の独立維持を大義名分として、日清戦争を戦うことになる。

では、豊島沖海戦は、どのように始まったのだろうか。

清が朝鮮半島への増派兵力を輸送するという情報は、七月一八日には日本側に伝わっていた。対抗措置として、日本は一九日に清側が受け容れることのできない条件を盛り込んだ最後通牒を発している。

連合艦隊は七月二三日から順次、佐世保を出発した。加藤友三郎が砲術長を務める巡洋艦吉野は第一遊撃隊の旗艦であり、二三日に出港する。

ちなみに、連合艦隊司令長官の伊東祐亨が定めていた「戦闘規約」では、遊撃隊の役割は「最初の戦列に加らず。機を見て敵の混雑せる部分に乗ずるか、又は運送船を追撃すべし」となっている。[*2]

吉野、秋津洲、浪速の第一遊撃隊は、七月二五日早朝、朝鮮半島西岸の牙山《がざん》湾の豊島沖付近にて、輸送船団の護衛をしていた清国北洋水師の済遠《さいえん》（二三五五トン）・広乙《こうおつ》（一〇〇〇トン）と遭遇した。七時五二分より砲撃戦が始まる。結果、広乙は座礁し、損害を負った済遠は戦線を離脱した。吉野は午後〇時四三分、砲撃と追撃を中止する。

その間、東郷平八郎が艦長を務める巡洋艦浪速が、イギリスの傭船高陞《ようせんこうしょう》号を臨検し、清国兵を輸送していたため、撃沈した。この事件により、日英間は一時緊張するも、国際法上正当な措置であったとして、イギリスの世論も沈静化する。

だが、浪速による高陞号の撃沈が国際法で認められるのは、日清間がすでに戦争状態にある場合のみである。

巡洋艦吉野　排水量4216トン．イギリスで造られた最新鋭艦．1893年に友三郎は吉野の回航委員及び砲術長となった

たしかに、日本は七月一九日に五日間の期限を区切った最後通牒を清に発している。日清間の調停はイギリスが周旋していたが、高陞号はその交渉が最終的にどうなったのかを知らない。イギリスの世論が一時、日本非難の論調で沸騰したのは、高陞号は日清間で戦争状態になっていることを知り得ないからである。

この豊島沖海戦は、日本では済遠が先に発砲し、それに吉野が応射したことで始まったと理解されていることが多い。だが、清側の記録では吉野が先に発砲したことになっている。日本側の主張は、山本権兵衛らによって済遠が先に発砲したかのように書き換えられた史料に依拠した場合が多い。*3 そのため、実際には、日清戦争開戦の第一弾は、友三郎が砲術長として関わった、吉野からの砲撃である可能性が高いことになる。

第一遊撃隊は通報艦である八重山《やえやま》らとの合流を目

的として豊島沖にいたとされているが、先述したように、遊撃隊の任務は輸送船の攻撃にある。だが、清国兵を輸送するイギリス船を攻撃するためには、すでに戦争状態に入っていなければならない。そのため、輸送船を拿捕《だほ》もしくは攻撃するため、吉野が済遠を砲撃したのである。目標が兵員輸送の妨害にあること、輸送船の拿捕もしくは攻撃のためには、事前に戦争状態に入っていなければならないということは、少なくとも第一遊撃隊の各艦長レベルでは共有されていた可能性が高い。[*4]日清間の外交交渉経緯から考えても、日本側から清の増派兵力に攻撃を加えたという理解は整合的である。

黄海海戦

豊島沖海戦の結果、確保された輸送ルートにより、朝鮮半島に上陸した陸軍は南下して、七月二九日に清国軍を成歓の戦いで撃破する。その後、八月一日に日本は清に対して宣戦を布告した。北上した陸軍は九月一五日から一六日にかけての平壌の戦いで、なんとか北洋陸師（清朝末期の清国軍の主力で、李鴻章の指揮下にある部隊）主力を退却に追い込む。陸上戦での雌雄は決した。

海上では、九月一七日に連合艦隊が黄海海戦で北洋水師を撃破した。

黄海海戦では、艦の大きさと重砲の数で勝る北洋水師が、衝角《しょうかく》をぶつけて日本側の艦船を沈めようと、艦隊を横一列に並べる横梯陣をとって日本側に接近しようとした。それに対して、速力と速射砲の数で優る日本の連合艦隊は、単縦陣で北洋水師の前を横切りながら砲撃を浴びせた。

速射砲で大型の北洋水師の軍艦を沈めることはできなかったが、しばしば火災を起こし、北洋水師の指揮を混乱させた。横梯陣の運用と維持には艦隊運用技術と信号通信技術に熟達している必要があり、北洋水師にはそれらが不足していた。

友三郎の乗る吉野は第一遊撃隊の旗艦として、高千穂・秋津洲・浪速を率い、松島を旗艦とする連合艦隊主力に先行して北洋水師との砲撃に入った。北洋水師の旗艦定遠は距離六〇〇〇メートルから吉野への砲撃を開始したが、吉野は北洋水師との距離が十分に近づくまで砲撃を自制し、距離三〇〇〇メートルとなったあたりで砲撃を開始した。吉野の放った砲弾は北洋水師の揚威や超勇に多くの命中弾を浴びせる。

だが、吉野の砲撃開始によって、続く各艦は十分に距離が縮まっていないにもかかわらず、砲撃を開始した。高千穂は距離四五〇〇メートル、秋津洲は距離四〇〇〇メートルで砲撃を始める。*5「戦闘規約」には「大砲は、濫《みだ》りに慌ただしく打方《うちかた》を始めしむること無く、充分奏効の望みある距離に達する迄《まで》、成るべく我慢して差控え、兵気と砲力の充満するに至りて、一時に猛烈急劇の射撃を為すことに注意する事」とある。*6 連合艦隊旗艦の松島が三五〇〇メートルで砲撃を開始したことを考えると、*7 吉野が砲撃を開始した時機が妥当で、他艦は早すぎたことがわかる。

黄海海戦の戦場において、吉野は第一遊撃隊の旗艦として「戦闘規約」を遵守し、効果的な砲撃を実施した。この吉野の行動を主導したのは、友三郎であったと記録されている。*8

黄海海戦での松島は命中弾を出すことができず、鎮遠の主砲が放った弾丸が二発命中して発生した火災により、旗艦としての機能を喪失した。松島と対比しても、吉野の黄海海戦での活躍は顕著であったと言える。

黄海海戦では日本側にも多数の命中弾があったものの、沈没した軍艦はなく、しかも全艦十分に航行が可能であった。それに対して、北洋水師は一二隻中五隻を失い、制海権は日本が獲得することになる。

海軍省勤務

李鴻章は北洋陸師・水師だけでの戦闘を困難と判断し、光緒帝《こうしょ》に清国全体での戦争と持久戦を提案する。日本側は講和交渉を見据えて、一八九四年一一月に大連や旅順を占領し、九五年二月一二日には威海衛《いかいえい》を占領して北洋水師を降伏させた。五月からは、台湾征服戦争も始まる。

友三郎は、旅順港の掃海作戦には参加しているが、威海衛の攻略作戦には参加していない。一八九四年一二月に海軍省軍務局第一課での勤務を命じられたため、吉野を退艦したからである。友三郎は、一八九五年二月に少佐に進級する。

一八九五年四月一七日に下関条約が成立し、日清戦争は終結した。

友三郎が勤めることとなった軍務局とは、海軍の編制（軍隊の組織・制度）や国防計画などを担当する、海軍省の中枢部署である。一八九五年三月まで、軍務局長は次官の伊藤雋吉《しゅんきち》が兼務し、その後は山本権兵衛が務めた。

日清戦争後、海相の西郷従道は軍務局長の山本に対して、戦後の諸施策の立案を命じた。山本の答申は極東領域での欧米列強の勢力を念頭に、戦艦六隻・巡洋艦六隻を主軸とした艦隊（六六艦隊）を整備するとともに、士官養成のために海軍大学校の規模を拡充することも提案していた。[*9]

友三郎は山本のもとで軍務局第一課（一八九七年九月から軍事課に課名変更）に勤務して、海軍拡張計画の策定に携わる。その一方で、一八九六年一一月からは海軍大学校教官の兼務を命じられ、砲術を講じた。山本が掲げる重要政策の遂行を実際に担ったのが、友三郎だったのである。

一八九七年一二月には中佐に進級し、八島《やしま》（一万二三二〇トン）副長に転じた。八島は日清関係の悪化に危機感を抱いた第二次伊藤博文内閣が、一八九三年の第四回帝国議会で、「和衷協同の詔」に頼ってまで富士（一万二五三三トン）とともに予算化した戦艦である。日清戦争には間に合わなかったが、アームストロング社エルジック工場で竣工し、一八九七年一一月三〇日に横須賀に回航されたばかりの最新鋭艦だった。吉野に引き続いての最新鋭艦への乗組みは、すぐれた砲術士官としての友三郎に対する海軍の評価と期待の表れである。

その後、一八九八年一〇月から翌年六月まで、砲艦筑紫（一三五〇トン）の艦長を務めた。結果的に、この約八ヵ月が、出世が早く、艦隊参謀長などの役職が早々に回ってきた友三郎にとっては、人生唯一の艦長経験となる。筑紫の艦長として友三郎は、上海方面で居留民保護などの任務にあたった。

一八九九年六月に軍務局軍事課長心得として海軍省に戻った友三郎は、九月には大佐に進級し、軍事課長（一九〇〇年五月より軍事課は第一課に課名変更）となる。

この第一課長時代、一九〇〇年五月から一二月にかけて海軍省教育本部第一部長を、同年六月から〇一年二月まで軍務局第二課長を兼任し、海軍省内の諸行政、特に海軍拡張と士官養成を、友三郎は一手に引き受けたと言っても過言ではない働きをみせる。第二課長については、一九〇一年四月から〇二年六月にかけても兼任している。一九〇二年六月からは常備艦隊参謀長となるが、〇三年一〇月には再び軍務局第一課長兼第二課長として海軍省に戻った。優秀な海軍士官である友三郎は、海軍省行政でも期待される存在になっていった。

対露戦争の準備

友三郎が軍務局に勤務していた時期における海軍の拡張について、簡単にまとめておきたい。

日清戦争の賠償金は、日本とその海軍に、巨額の軍備拡張の原資を提供した。賠償金はロンドンにおいてポンド建で受け取ることとなったため、ヨーロッパでの軍備拡張の支払いにあてる正貨の不足問題も解決していた。*10

山本権兵衛の献策による、多額の予算を必要とする海軍の拡張計画は、財政上の見地から一八九六年度からの第一期拡張計画と、九七年度からの第二期拡張計画に分けて議会に提出されて、協賛を得た。日露戦争において主力となった戦艦・巡洋艦はほぼこの時期に起工したものである。これらの拡張計画の策定と実施を実務者として担ったのが、友三郎だったことになる。

一八九六年度からの第一期拡張計画では、戦艦として敷島《しきしま》（一万四八五〇トン）を、一等巡洋艦として八雲《やくも》（九六九五トン）・吾妻《あずま》（九三二六トン）を、二等巡洋艦として高砂《たかさご》（四一五五トン）・笠置《かさぎ》（四九〇〇トン）・千歳《ちとせ》（四七六〇トン）を建造する。

また、一八九七年度からの第二期拡張計画では、戦艦として朝日（一万五二〇〇トン）・初瀬《はつせ》（一万五〇〇〇トン）・三笠を、一等巡洋艦として出雲《いずも》（九七七三トン）・磐手《いわて》（九七七三トン）・浅間（九七〇〇トン）・常磐《ときわ》（九七〇〇トン）を建造する。

これらの艦は竣工次第、一八九八年から一九〇二年にかけて順次日本に回航された。三笠が日本に到着した時点で、日本は富士と八島を加えて、戦艦六隻、一等巡洋艦六隻の六六艦隊を保有することになる。

黄海海戦での実績から、イギリス製軍艦の優位性が確認できた。当時の国際関係から、八雲をドイツに、吾妻をフランスに、笠置と千歳をアメリカに発注したものの、それ以外の軍艦はイギリスで建造されることになる。速力や砲力が統一された、運用しやすい艦隊ができあがった。

また、一八九七年には、下瀬《しもせ》火薬の製造所の設立も決定している。下瀬火薬は海軍技手の下瀬雅允《まさちか》が開発し、一八九三年に海軍の制式爆薬として採用されていたもので、日露戦争で猛威をふるうことになる。

一八九七年の第一一回帝国議会で第二次松方正義内閣が衆議院を解散したため、大日本帝国憲法第七一条によって、九八年度には前年度予算が執行される。巨額の歳入不足が発生したため、日本は日清戦争の賠償金を五月に全額受領することを目指すといった大きな混乱があった。[*11]

ちょうどこのとき友三郎は、八島の副長として海上勤務に出ており、混乱とは無縁だった。軍務局での勤務は激務だったが、それでも友三郎は運よく政治的な混乱に振り回されることはなかった。

日露戦争の開始

一八九六年、ロシアは清から東清鉄道の敷設権を獲得し、フランスからの借款で建設を開始する。また、日清戦争後の三国干渉で、日本が清に返還した遼東半島の旅順・大連の租借権を、ロシアは清から獲得する。ロシア蔵相セルゲイ・ヴィッテの構想は、海上輸送されるインド茶に対抗し、中国茶や中国産生糸を陸路でヨーロッパに輸送することにあった。

だが、ロシアの南下政策は日本にとって、朝鮮半島への進出と対立するものに思われた。

一九〇〇年の北清事変（義和団事件）後、ロシアの宮廷内で、極東政策の方針が分裂する。ロシア皇帝ニコライ二世の側近集団（ロシア太平洋艦隊司令長官のエヴゲーニイ・アレクセイエフを含む）は、中国東北部の占領と韓国での権益拡大を画策した。それに対して、蔵相ヴィッテ、陸相アレクセイ・クロパトキン、外相ウラジーミル・ラムズドルフらは、ヨーロッパ情勢の緊迫化のために、日本との戦争回避を模索していた。ニコライ二世は後者の案をとるも、皇帝側近の極東利益主義者の画策の結果、アレクセイエフが極東総督に任じられ、極東の軍事・外交権を掌握する。

東郷平八郎

極東総督が極東の外交権を掌握したことは、日露間に深刻なコミュニケーション不足を引き起こすことになる。本来、日本政府とロシア政府との間には、戦争に訴えて解決しなければならないほどの深刻な利害の対立はなかったが、このコミュニケーション不足により、日本は急激にロシアに対しての危機意識を高めていってしまった。

最終的に日本側がロシアとの国交断絶を決定するのは一九〇四年二月四日である。そこに至るまで、第一次桂太郎内閣が主張するロシアとの戦争の理由は二転三転する。[12] ただ、一九〇三年一二月一六日には、政府と元老との会議で対露開戦不可避の結論が出ており、開戦準備は決定していた。

一九〇三年一二月二八日、連合艦隊が編成され、司令長官に東郷平八郎が就く。第一艦隊は東郷が直率し、連合艦隊司令部は三笠に置かれた。連合艦隊司令部の参謀長は、島村速雄が務める。友三郎は上村彦《かみむらひこ》之丞《のじょう》を司令長官とした第二艦隊の参謀長に就任した。第二艦隊の司令部は出雲に置かれる。

連合艦隊は佐世保に待機していた。東郷に一九〇四年二月五日、出動命令が下る。東郷は六日にそれを麾下《きか》司令官・艦長に伝え、佐世保を出港する。八日より、日露戦争が始まった。

出征前、友三郎は旧広島藩主の浅野家を訪れ、浅野長之・長武親子に対して、「こんどの戦争は

戦艦三笠　排水量1万5140トン．日露戦争では連合艦隊司令部が置かれた．日本海海戦から3ヵ月半後，原因不明の弾薬庫爆発で沈没する

重大で、日本の国運に関することであるから、できるだけ努力はいたしますが、あるいはお目にかかる機会はないかも知れない」と別れを告げた。[*13] 日清戦争後、一〇年近く営々と海軍増強に励んできた友三郎であったが、日露戦争は困難なものになると考えていた。

ウラジヴォストーク艦隊に苦悩

極東におけるロシア太平洋艦隊の勢力は強大だった。旅順に戦艦七隻、装甲巡洋艦一隻、巡洋艦八隻などを配備していた。また、支隊としてウラジヴォストークに装甲巡洋艦三隻、巡洋艦一隻などを配備するとともに、仁川《インチョン》にも巡洋艦と砲艦を一隻ずつ配備していた。

この太平洋艦隊を撃破もしくは無力化しない限りは、極東海域での制海権は得られず、陸兵の輸送に危険と困難が常につきまとう。連合艦隊に課せられた使命は、ロシア太平洋艦隊の撃破であった。

開戦劈頭《へきとう》、第二艦隊第四戦隊と浅間で編成された瓜生外吉《うりゅうそときち》の艦隊が仁川のロシア艦隊を撃破した。連合艦隊の主力は旅順艦隊の撃破を目指して駆逐艦による夜襲を決行する。

だが、ロシア太平洋艦隊司令長官のオスカル・スタルクは、増援があるまでは持久し、戦力を温存しようとして、陸上砲台に守られた港内深くに引きこもってしまっていた。連合艦隊は二月、三月、五月と三度にわたって旅順港の閉塞作戦を実施しようとするも、成功しなかった。

積極作戦を展開しないスタルクが三月に解任され、名提督の評判が高かったステパン・マカロフが太平洋艦隊の司令長官に就任する。だが、四月一三日にマカロフの乗った戦艦ペトロパブロフスク（一万一三五四トン）が日本の敷設した機雷に接触して沈没し、マカロフが戦死する。後任司令長官となったヴィリゲリム・ウィトゲフトは、再び旅順港で艦隊を温存する方針に転換した。

ロシアは第二太平洋艦隊を編成する。いわゆるバルチック艦隊である。そして、バルチック艦隊を極東に増派する計画を四月三〇日に発表した。このバルチック艦隊が到着する前に、旅順とウラジヴォストークの艦隊を撃破しなければ、圧倒的なロシアの艦艇数の前に、極東海域の制海権を失い、日本の海上輸送路は危機に瀕することになる。

友三郎が参謀長を務める第二艦隊は、ウラジヴォストークを根拠地とする太平洋艦隊の支隊（司令長官カールル・エッセン）を捕捉することができなかった。ウラジヴォストーク艦隊は装甲巡洋艦ロシア（一万三六七五トン）、グロムボイ（一万三二二〇トン）、リューリック（一万一六九〇トン）で構成され、日本の海上輸送を脅かし続けていた。

神出鬼没のウラジヴォストーク艦隊は二月一一日には津軽半島沖で商船の名古浦丸を、四月二五日には元山《ウォンサン》沖で貨物船の金州丸を、六月一五日には玄界灘で陸軍徴用運送船の常陸丸・和泉丸を撃沈した。常陸丸には後備近衛歩兵第一連隊を中心に約一〇〇〇人の陸兵が乗船していた。

一向にウラジヴォストーク艦隊を捕捉できない第二艦隊には、国内で非難が集中した。第二艦隊は「露探〔ロシアのスパイ〕艦隊」と呼ばれ、司令長官の上村の自宅に投石する者も出た。[*14]

しかも、五月一五日に第一艦隊の戦艦八島と初瀬が相次いでロシアが敷設した機雷に接触して沈没するなど、この時期の連合艦隊には不運も重なった。これらの戦艦が抜けた穴は、アルゼンチンがイタリアで建造していた巡洋艦を購入し、日進《にっしん》・春日《かすが》（ともに七六二八トン）として回航していたことで埋めることになる。だが、戦力の低下した連合艦隊は、いつまでも第二艦隊をウラジヴォストーク艦隊に張り付けておくわけにはいかなかった。

他方、ロシアも士気の下がる旅順艦隊の状況をみかね、ニコライ二世が旅順艦隊のウラジヴォストークへの回航を命じた。そして、八月一〇日、出撃した旅順艦隊と連合艦隊との間で、黄海海戦が発生する。

この黄海海戦では、日本側は当初思い描いていたような作戦がとれなかった。だが、三笠の放った一弾が旅順艦隊旗艦のツェザレヴィッチ（一万二九一五トン）の艦橋付近に命中し、司令長官のウィトゲフトが戦死する。統率を失った旅順艦隊はバラバラに行動し、戦艦五隻と巡洋艦一隻、駆逐艦三隻が旅順に引き返し、ロシアは戦艦一隻と巡洋艦三隻、駆逐艦四隻を喪失した。

ウラジヴォストークを目指す旅順艦隊を支援するため、ウラジヴォストーク艦隊は南下した。それを、第二艦隊が八月一四日にようやく捕捉して、蔚山《ウルサン》沖海戦となる。第二艦隊はリューリックを撃沈し、ロシアとグロムボイを大破させ、ウラジヴォストーク艦隊の無力化に成功したのだった。

ウラジヴォストーク艦隊を捕捉することができず、第二艦隊が非難にさらされていた時期、参謀長を務めていた友三郎について、次のようなエピソードが残っている。艦隊司令部には上村をはじめとした第二艦隊を非難する手紙が大量に届いたが、友三郎はそれを黙笑しながら自分のところで握りつぶし、部下と相撲や魚釣りに興じていたというのである。[15]

友三郎は後年、海相や首相として、世論の存在に非常に気を配るようになるが、第二艦隊の参謀長として対ロシア作戦に向き合っていたときには、世論をむしろ無視していた。海軍省勤務などを長く経験したが、友三郎の軍人としての気質は変化していなかった。戦場にあっては、周囲の批判に惑わされずに、任務に集中しようとしていたのである。

ちなみに、友三郎はこの蔚山沖海戦後、九月に少将に昇進する。

東郷平八郎の側近に

黄海海戦後、旅順港内に再び引きこもったロシアの残余の艦隊も、日本陸軍の第三軍が膨大な犠牲を払って二〇三高地を確保し、一二月六日から旅順港内を砲撃できるようになると、一一日には無力化できた。

　そのため、連合艦隊は旅順の封鎖を解き、バルチック艦隊の来航に備えて、整備をすることになる。第一艦隊は呉へ、第二艦隊は佐世保に入った。

　艦の修理中、上村や友三郎は東京でウラジヴォストーク艦隊を撃破したことについて、その功績を官民挙げて讃えられた。上村と友三郎は東京を出発する際、新聞にそれに対するお礼の広告を出している。*16 ウラジヴォストーク艦隊を捕捉できなかった際にあれほど自分たちを非難した世論が、手のひらを返したかのように褒めたたえるのを、友三郎がどのように感じたのかについては史料がない。

新聞に出稿した友三郎らのお礼広告　第二艦隊はウラジヴォストーク艦隊を撃破．司令長官・上村彦之丞と参謀長・友三郎らは賞賛されるが，それに応えたもの（『東京朝日新聞』1905年１月24日朝刊）

　艦の修理中、連合艦隊には人事異動があった。連合艦隊参謀長であった島村速雄は、旅順港閉塞作戦の失敗の責任をとるかたちで、第二艦隊第二戦隊司令官に異動となり、島村の後を友三郎が引き継ぐことになった。第二艦隊の参謀長は、友三郎や島村と同期の藤井較一が務める。友三郎は、連合艦隊司令長官を補佐する地位に就いたのである。

連合艦隊司令部は、新たに参謀長となった友三郎のもとで、首席参謀の秋山真之が中心となって、それまで海軍内で蓄積された作戦案や教訓を活用しながら、対バルチック艦隊用の作戦計画を立案した。*17

一九〇五年四月一二日、東郷は麾下艦隊に「聯合艦隊戦策」を示す。そこでは、昼間の主力艦による砲撃と、駆逐艦・水雷艇による夜襲を組み合わせること、主力艦による砲撃戦では「丁字《ていじ》戦法」をとると記している。「丁字戦法」は進行する敵の前方を横切るかたちで、火力を敵先頭艦に集中する状態を維持しようという戦法である。*18

この「丁字戦法」自体は、連合艦隊にとっては目新しいものではなく、この改定前の戦策でも盛り込まれていた。直前では黄海海戦でも試みられている。だが、その際にはうまくいかなかった。「丁字戦法」は敵が真っ直ぐに向かってくることが必要なため、黄海海戦のように敵艦隊が四分五裂したり、広い海域で敵艦隊が退却したりしてしまうと成立しない。

「丁字戦法」の唯一と言ってもよい成功例は、実は蔚山沖海戦時の第二艦隊によるものであった。南下するウラジヴォストーク艦隊の前方を第二艦隊が押さえるような針路をとりながら、比較的長時間砲撃を浴びせ、撃破することができていた。

相手の針路を押さえるようなかたちをとれれば、大きな戦果を挙げる可能性の高い「丁字戦法」の採用に、失敗を続けながらも連合艦隊司令部は固執する。唯一の成功例を実現していた友三郎が参謀長であったことも、それを可能にしたと言えるだろう。

バルチック艦隊の来航

バルチック艦隊は一九〇四年一〇月一五日にリバウ軍港を出港し、その主力はアフリカ喜望峰をまわり、ウラジヴォストークを目指していた。だが、その航海は決して順調ではなかった。日本と同盟を結ぶイギリスの妨害や、本国からの訓令の曖昧さ、乗員の練度の低さや艦の故障、石炭の洋上補給など、夥《おびただ》しい量の問題によって、バルチック艦隊の航海は長引くことになる。

さらに、旅順艦隊の壊滅を受けて、ロシア海軍省は第三太平洋艦隊を編成してバルチック艦隊の後を追わせた。バルチック艦隊はその第三太平洋艦隊といつ、どこで合流するのかという問題も抱えることになる。

バルチック艦隊の位置は、日本の在外公館や同盟国イギリスからの情報、海外メディアの報道などによって、ある程度は摑むことができた。連合艦隊は、バルチック艦隊がその速度をあげて日本近海に急行する可能性をにらみながら、各艦の整備や訓練を続けていく。

バルチック艦隊の航路における主要な港のほとんどはイギリスが押さえており、ロシアと露仏同盟を結ぶフランスは、中立違反となることを恐れてバルチック艦隊を積極的に支援することはできなかった。

バルチック艦隊は一九〇五年四月一四日、フランス領インドシナのカムラン湾に入った。だが、四月二一日に、日本からの中立違反の抗議によって、フランスはバルチック艦隊にカムラン湾からの退去を要請する。バルチック艦隊はカムラン湾を出てその北方四〇海里にあるバン・フォン湾に入る。

五月九日、バルチック艦隊はようやくバン・フォン湾沖で増援の第三太平洋艦隊と合流した。バルチック艦隊は、戦艦八隻、巡洋艦九隻、海防艦三隻、駆逐艦九隻を擁する大艦隊となった。

五月一四日、バルチック艦隊はバン・フォン湾を出発し、ウラジヴォストークを目指す。日本側はこの時期から、バルチック艦隊の正確な位置を摑み切れなくなる。

バルチック艦隊は五月一八日、洋上で石炭を補給したあと、一九日にルソン海峡（バタン海峡）を通過した。そこで、三井物産合資会社の傭船であるノルウェー船籍のオスカル二世号を臨検した。

バルチック艦隊はその航海の間、常に日本海軍からの襲撃があるのではないかと恐れていた。日本に近づくにつれ、警戒を強めて特に夜間は船速を落とした。五月二二日に宮古海峡を通過したが、二三日には南西諸島沖で再び石炭を補給する。加えて、各艦の船底には多量のフジツボなどがこびりついており、速力を出しにくい状態にあった。これらのことが、バルチック艦隊の足取りを極めてゆっくりとしたものにする。

五月二五日、積み荷のなくなった運送船を仮装巡洋艦二隻に護衛させ、艦隊から切り離して、上海に向かわせた。夜間に襲撃されることを恐れて時間を調整し、二七日の正午に対馬海峡を通過するよう、バルチック艦隊は北進を続けた。

揺れる連合艦隊司令部

連合艦隊司令部はバルチック艦隊がどの程度の速度で航行しているのか、そして、どのコースを通ってウラジヴォストークに向かおうとしているのか、摑めないでいた。確かなことは、五月一九日の時点でルソン海峡を通過したということだけである。この情報はオスカル二世号が二三日に当初の目的地であった長崎県口之津に到着したのち、大本営経由で同日午後四時に連合艦隊にもたらされている。[*19]

ルソン海峡からウラジヴォストークまでの航路は三つある（図1）。一つは①対馬海峡を通る最短コース、もう一つが②太平洋を大きく迂回して津軽海峡を通るコース、最後はさらに北上して③宗谷海峡を通るコースである。つまり、バルチック艦隊を迎え撃つためには、対馬海峡か太平洋かのどちらかで待ち伏せなければならない。ただし、バルチック艦隊ほどの大艦隊を迎え撃つためには、連合艦隊を二つに分けるわけにはいかない。

朝鮮半島南岸の鎮海湾で待機していた連合艦隊司令部は、バルチック艦隊が対馬海峡を通るものと予想して、哨戒《しょうかい》計画と作戦計画を立案している。バルチック艦隊は長期の航海を経ているので、最短距離を通るのが最も合理的な判断だった。太平洋を通るのであれば、日本の近海で石炭の補給をしなければならず、補給中に連合艦隊と遭遇する危険を考えると、そのコースをとるはずがない。

しかし、五月二三日にバルチック艦隊の一九日時点での位置の情報を受け取った連合艦隊は、動揺する。連合艦隊はバルチック艦隊の平均船速が極めて遅くなっていることを知らない。艦隊の移

図1　バルチック艦隊航路予想

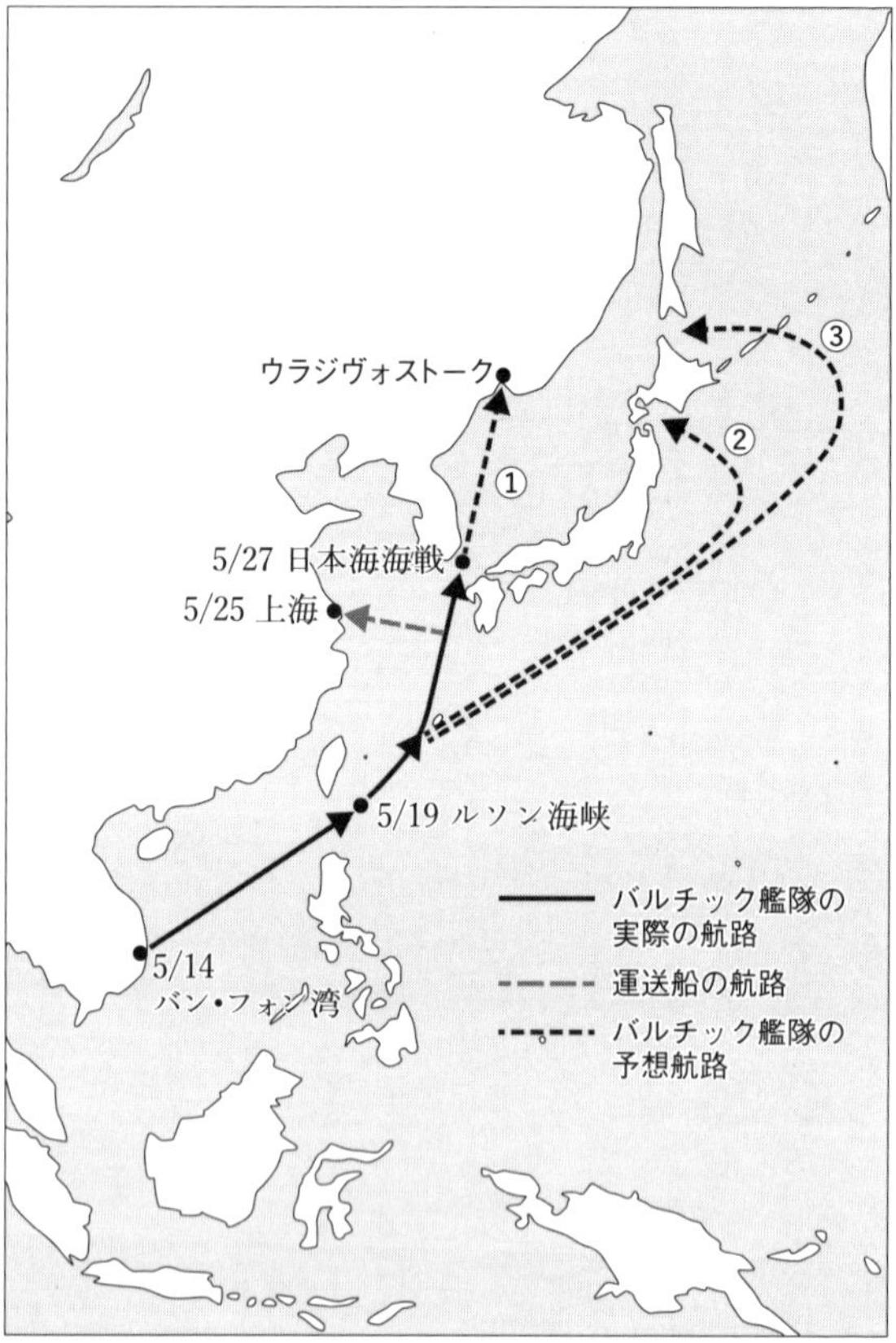

動速度をそれなりに遅めに見積もって計算したとしても、二三日には対馬海峡付近に姿を現していなければおかしいはずである。連合艦隊司令部は、バルチック艦隊が太平洋に迂回した可能性を疑い始めた。

対馬海峡の狭い海域は、連合艦隊司令部の目指す「丁字戦法」を成立させるにはうってつけだった。バルチック艦隊がウラジヴォストークにたどり着くまでに、何度も攻撃をするチャンスを作れる距離もある。だが、津軽海峡で待ち伏せては、一～二度砲撃戦を展開できたとして、バルチック艦隊の何隻かはウラジヴォストークに入ってしまう。戦艦や巡洋艦のわずかでもウラジヴォストークに入られてしまえば、それだけで日本の海上輸送にとっては脅威となる。

結局、秋山ら連合艦隊の作戦参謀らは、参謀長の友三郎に報告のうえで、北進して津軽海峡付近で待ち伏せる作戦に切り替える準備を進める。五月二四日に北進の航路や速度を指定した封密命令を作成し、全艦に配布したうえで、大本営に北進の準備を進めていることを電報で連絡した。封密命令は二五日の開封を予定していたと考えられている。[20]

海軍軍令部はこの連合艦隊の北進準備の報告に困惑する。軍令部はバルチック艦隊が対馬海峡を通ると予想しているし、万一津軽海峡を通る場合に備え、機雷を撒いて食い止める準備も整えている。だが、その津軽海峡防御策は、連合艦隊には伝わっていなかった。[21]

五月二五日に各戦隊指揮官と艦長を三笠に集め、友三郎は鎮海湾で待機するべきか、それとも北進するべきかを問うた。[22] これは、秋山は開催に反対したようだが、友三郎が全艦隊の意思統一の必要を認めたために開催したものと考えられている。[23]

意見聴取の結果、大半が北進の意見であった。友三郎も一時は北進を決意していたようである。だが、北進案に猛反対したのが、第二艦隊参謀長の藤井較一であった。そして、遅れて到着した第

連合艦隊の幹部たち　右から秋山真之，友三郎，上村彦之丞，東郷平八郎，島村速雄

二艦隊第二戦隊司令官の島村速雄も藤井と同様に鎮海湾待機の意見だった。島村は藤井とともに東郷に意見具申をする。東郷は北進を具申した友三郎に対して、「次の情報を待つ」と、北進を一時保留した。

開戦当初より連合艦隊の参謀長を務めていた島村に対する東郷の信頼は絶大であり、藤井はその点で「やっぱり俺は何と云っても島村には敵わぬ〔中略〕東郷さんの信用がこんなに違う〔中略〕俺が何を云うても駄目だが、島村君が云うとそうだと云う」と述べている。[*24]

結果的には、友三郎よりも、島村や藤井の判断のほうが正しかった。一見すると、海上経験がやや少ない友三郎が、それゆえにバルチック艦隊の思考を読み違えたようにもみえるが、必ずしもそうとは言えない。

藤井は三笠に向かう道中で第二艦隊司令長官の上村彦之丞に対して、北進に反対するよう願い出ているが、上村も北進案に傾いていた[*25]。島村や藤井よりも経験豊富な上村でさえ、バルチック艦隊取り逃しのリスクを念頭に、北進やむなしと考える状況だったのである。

たとえ、バルチック艦隊の何隻かはウラジヴォストークに入ってしまったとしても、会敵できないよりかはましであろう。会敵できないリスクについては、第二艦隊が何度もウラジヴォストーク艦隊を相手に思い知らされている。この時期の友三郎のストレスは相当なものだったようで、胃痛に悩まされていた[*26]。

友三郎が本心でどう考えていたのかについては、史料がなく不明である。だが、作戦参謀だけでなく、各艦長や第二艦隊司令長官まで北進で一致するような状況であった。むしろ、島村や藤井の意見と態度のほうが、当時の連合艦隊が入手できた情報だけで思考した場合の、合理的範疇を逸脱しているとも言える。友三郎はじめ連合艦隊の大部分は、バルチック艦隊の移動速度を自分たちの常識で測り、最大戦果よりもリスクの低減を優先したのである。

だが、新たな情報を待つとして北進を先延ばしにしたことが、結果的には功を奏する。五月二六日午前〇時五分に、上海からバルチック艦隊の運送船が上海港外の呉淞《ウースン》に入港したという情報が大本営にもたらされた。これで、バルチック艦隊が東シナ海を北上しており、対馬海峡を通ることが確定した。この情報は同日の明け方に連合艦隊にもたらされる。北進は中止となり、連合艦隊は鎮海湾での待機を続けることになる。

日本海海戦

五月二七日午前四時五〇分、五島列島沖を哨戒していた仮装巡洋艦信濃丸は、バルチック艦隊を発見したと電報を打った。情報を得た連合艦隊は鎮海湾を出港し、対馬海峡を南下する。日本海海戦が始まろうとしていた。

なお、対馬海峡で戦われた日本海海戦は、日本以外では「対馬沖海戦」(the Battle of Tsushima)と呼ばれているが、人口に膾炙《かいしゃ》しているのと、友三郎の政治的資産として記憶された名称を重視するため、本書では「日本海海戦」の語を用いる。

連合艦隊の旗艦三笠がバルチック艦隊を視認したのが午後一時三九分である。ここから、連合艦隊は「丁字戦法」に移行するための進路変更を何度か行い、午後一時五五分にバルチック艦隊との距離が約一万三〇〇〇メートルとなった時点で、ほぼ反航航路(平行なすれ違うコース)に入る。

友三郎や秋山が東郷に対して、厚い装甲に覆われた戦闘時の指揮所となる司令塔に入るよう勧めたが、東郷はそれを拒否した。友三郎は飯田久恒《ひさつね》らの参謀を司令塔に移し、秋山とともに東郷と艦橋に残った。

午後二時五分、三笠はバルチック艦隊との距離八〇〇〇メートルで左に回頭し、バルチック艦隊の針路を押さえようとした。回頭を終えた三笠にバルチック艦隊の旗艦クニャージ・スヴォロフ(一万三五一六トン)が砲撃を開始し、三笠も距離六四〇〇メートルに達した午後二時一〇分に射撃を開始する。

バルチック艦隊は左舷での砲撃戦を継続するために、連合艦隊を避けるように右方に針路をとった。そのため、同航戦（両艦隊が平行する同じ方向に進みながら行う砲撃戦）となり、厳密には丁字状態は成立しなかったが、「丁字戦法」の目的である長時間の集中砲火は実現できた。バルチック艦隊各艦に命中した砲弾に詰められた下瀬火薬は、艦上構造物を軒並み破壊し、バルチック艦隊の戦闘力は急激に落ちていった。勝敗は午後二時五〇分頃までのほぼ三〇～四〇分で決する。

さらに、夜間の駆逐艦や水雷艇による水雷攻撃は、昼間の砲撃戦で攻撃力を失ったバルチック艦隊を次々に仕留めていった。

バルチック艦隊の戦闘艦艇二九隻のうち、ウラジヴォストークにたどり着けたのは巡洋艦一隻と駆逐艦二隻の計三隻だけであり、残りは沈没、捕獲、武装解除された。バルチック艦隊は壊滅した。一方、日本側は水雷艇三隻を失うのみの損害で済んだ。

戦局のターニングポイントは、明らかに午後二時五分に実施された敵前での大回頭であった。後述するように、三笠艦橋で東郷が敵前回頭を指示する場面は、のちに非常にドラマティックに描かれ、その場面では友三郎も重要な立ち位置にある。

しかし、実際の敵前回頭の決断は、のちに描かれるほど整然と行われたわけではない。艦橋上ではかなりの混乱があった。[*27] 実際、このときの様子については異なる証言が複数ある。

先述したように、「丁字戦法」は事前に「聯合艦隊戦策」で示されていたが、問題はどのタイミングで回頭を実施すれば、バルチック艦隊を取り逃さずに済むのかということである。「丁字戦法」はそれまでほとんど成功していない。バルチック艦隊を逃さないように距離を詰めれば、回頭している艦は射撃ができず、戦闘力を減ずることになる。距離があまりに詰まれば、味方の損害を考えて、「丁字戦法」の実施を見合わせ、すれ違いながら砲撃する反航戦を選択することもあり得た。

友三郎がどの程度、回頭の決断に影響を与えたのかは興味深いが、回頭時の様子を正確に再構築することは、もはや不可能と言ってよい。ただ言えるのは、最終的に連合艦隊司令部は、事前の取り決めの実施を選択したということである。

友三郎の多様な描写

昭和戦中期までに刊行された日本海海戦を描いた書籍を調べると、一九一〇年代まで、敵前回頭時の場面の詳細な描写はほぼなかった。[*28]

その後の、敵前回頭時の三笠艦橋の描写のされ方は、次の三つに大別することができる。

①一九二一年に出版された小笠原長生の『東郷元帥詳伝』に代表される描写。[*29]

②一九二七年九月に日本海海戦時の三笠砲術長の安保清種が行った講演に代表される描写。[*30]

③一九三〇年に出版された小笠原長生の『撃滅　日本海海戦秘史』に代表される描写。[*31]

昭和戦前・戦中期には多数の日本海海戦を描いた書籍が刊行されているが、それらの記述のほとんどはこの三つの描写タイプのどれかに分類することができる。また、一九六〇年代末から七〇年代初頭に連載され、ベストセラーとなった司馬遼太郎の『坂の上の雲』も、独自の描写ではなく、①〜③のなかの要素を取捨選択したものだった。*32

①〜③は日本海海戦時の敵前回頭のシーンを、それぞれ以下のように描いている。

①爰《ここ》に彼我両隊は縦陣の以《も》って相対し、其《そ》の儘《まま》直進すれば、互に反対に通過し去りて利害共に相均《ひと》しく、所謂《いわゆる》五分五分の勝敗に了《おわ》るべき形勢を成せり。然《しか》れども、恁《か》くの如き平凡の戦闘に甘んずるは、敵の殲滅《せんめつ》を期したる東郷司令長官の与《くみ》する所にあらざるなり。長官は頭《こうべ》を回《めぐ》らして急度《きっと》加藤参謀長を見たり。同時に参謀長も亦《また》長官を見、両者の視線期せずして相合せる一刹那《せつな》、参謀長声高く問うて曰く、『長官！取梶《とりかじ》になすべきか』と。司令長官『諾《うん》』と答えて思わず会心の笑《えみ》を浮べ、三笠は同五分遽《にわか》に左折して東北東に変針し、針〔斜《ななめ》ヵ〕に敵の先頭を圧迫せんとせり*33

②加藤参謀長は突然「砲術長！君一つ距離を測って呉《く》れ、しっかりした所を」と叫ばれたので、自分〔安保清種〕は直に測距儀について測って見ると、敵の先頭にある旗艦「スウォーロフ」は正に八千米《メートル》、最《も》うこそ何《いず》れの舷《げん》で戦うかを定めて貰わねばならぬのでありますから、

自分は「もう八千米になりました、どちらの舷で戦さをなさるのですか」と大声で報ずると、此時《このとき》遅し彼の時早し、東郷長官の眼と加藤参謀長の眼とが期せずして相会し、互に何かうなずかれたかと見えた其の刹那《せつな》に、参謀長の甲高《かんだか》い声が突如として響いた。「艦長取舵一杯!」伊地知艦長が「え、取舵にですか」と念を押すに対し、参謀長は「そーだ、取舵だ」と確言して、徐《おもむ》ろに長官に向い「長官!取舵に致しました」と報告され、茲《ここ》に三笠は恰《あたか》も蒼《そう》隼《しゅん》の翔鶴《しょうかく》を搏《う》つが如き勢を以て遽《にわか》に其の艦首を急転して驀然《ばくぜん》東航敵の先頭を圧したのである*34

③〔②を引用したうえで〕

その途端!。それまで幕僚等の議論に耳をも貸さずして一意敵の態度に着目していた東郷大将は、突然右手を真直《まっすぐ》に挙げ、颯《さっ》と左舷の方に一振して詰《き》っと参謀長を見返った。参謀長はその意を覚《さと》り

『艦長!取舵一杯!。』

と叫んだ。

『エ、取舵にですか。』

『そうだ、取舵だ。』

いいも終らず大将に向い

『長官！。取舵に致します。』

打頷《うちうなず》いた大将は会心の微笑を浮べ、依然として炯々《けいけい》たる眼光に敵の動静を看守った[*35]

①の『東郷元帥詳伝』は、東宮御学問所幹事であった小笠原が、日露戦争中から収集した資料や関係者から聞き取った談話をもとにして執筆したものである。[*36] 小笠原が③の『撃滅　日本海海戦秘史』で描写を変更したのは、以下の理由による。すなわち、日本海海戦時に三笠艦上にいた海軍中尉で安保付であった今村信次郎《のぶじろう》が、後年に東郷に対して、「小笠原の詳伝を見ると眼と眼と見合して参謀長が叫んだように書いてありますが、私はその時丁度長官の真後ろにおりまして、長官が右手を挙げて左の方へおろされて、参謀長を見返えられたのを確《たしか》に見ましたが、これは錯覚でもあったのでしょうか」と尋ねた。そのため、東郷は小笠原に対して、「今村がこういって来た、どうもそういう証人が出て来たのだから仕方がないので、お前が見た通りだよといったから、今後詳伝を直してよいよ」と告げたのである。[*37]

そのため、一九三〇年代になってから、東郷が右手を挙げて左に振り下ろすタイプの描写が登場する。そして、小笠原が東郷の笑顔を描く場合と描かない場合があったため、表1のように、描かれ方は最終的には四種類に分類できる。

東郷の戦機を見定める力を強調する小笠原型Ⅱに対して、小笠原型Ⅰや安保回想型で、友三郎が東郷の許可のもとで命令を出しているのは、事前に「聯合艦隊戦策」が示されており、その実行を

表１　日本海海戦における敵前回頭時の描かれ方の類型

類　型	要　素
小笠原型Ⅰ	①敵前回頭は友三郎が東郷に口頭で確認を求めた後に実施. ②東郷が友三郎に回頭の指示を与えた後に笑みを浮かべる.
安保回想型	①敵前回頭は友三郎と東郷が視線を交わして確認した後に実施. ②東郷が笑みを浮かべる描写がない.
小笠原型Ⅱ－１	①敵前回頭は東郷が自発的に戦機を見定めて決定．右手を挙げ，それを左方に振り下ろすことで指示. ②東郷が友三郎を振り返り視線を交わす. ③回頭開始後，東郷が笑みを浮かべる.
小笠原型Ⅱ－２	①敵前回頭は東郷が自発的に戦機を見定めて決定．右手を挙げ，それを左方に振り下ろすことで指示. ②東郷が友三郎を振り返り視線を交わす. ③東郷が笑みを浮かべる描写がない.

拙稿「日本海海戦における東郷平八郎の描かれ方」（『龍谷紀要』46－１，2024年）25頁のものを加筆修正．表中の「東郷」は東郷平八郎を指す

確認しているからと解釈できよう。言葉を交わさない安保回想型は、東郷と友三郎との間の信頼関係を、より強調した描き方となっている。

日本海海戦時に三笠艦橋に居合わせた友三郎は、主役である東郷を補佐する欠かせない役どころとして、数多く描かれていくことになる。

凱旋

日本海海戦後、連合艦隊は捕獲したロシアの軍艦とともに佐世保に入った。その後、連合艦隊は各艦を修理しながら、極東海域での制海権を維持するための警戒任務に就く。

日本海海戦の結果は、講和促進の気運を急速に高める。九月五日、アメリカの仲介で日露両国はポーツマス条約に調印した。

講和条約の成立後、九月九日に佐世保に入った東郷や友三郎ら連合艦隊司令部は、軍令部長伊東祐亨の招電によって、一〇日に陸路で東京に向かう。

ところが、九月一一日の午前〇時二〇分、佐世保港内に停泊していた三笠が後部弾薬庫の爆発によって沈没するという事故が発生した。事故原因の調査が行われたが、のちに友三郎は海軍次官として、原因は不明であると説明している。*38

九月二〇日に佐世保に帰着した東郷は、連合艦隊の旗艦を敷島に変更し、一〇月二三日の凱旋観艦式に臨んだ。観艦式当日、友三郎は御召艦に指定された浅間で、明治天皇を迎えた。*39

華々しい式典とは異なり、凱旋した友三郎の私生活は、極めて落ちついたものだった。その様子について、次のような証言が残っている。

加藤さんが日本海戦を終えて広島に帰ると、広島のうぞうむぞうがお喜びにお宅へ行ったものである。ある広島の人が行ってベルを押したら女中もいない。加藤さんが一人いて「上れ」というから上った。そのあと暫《しば》らく引込んでいて出てこないので、どうしたんだろうと思って行ったら、炭をおこして湯を沸かしてお茶の用意をしている。日本中の名誉を背負ったあの参謀長が、女中もいないで自分でお湯を沸かしお茶を入れている*40

日露戦争への出征前に友三郎が旧広島藩主の浅野家に挨拶に訪れた際にまだ子どもだった浅野長

武は、のちに乃木希典《まれすけ》が院長を務めていた時期に学習院に通うことになる。そのときの思い出として、乃木が日露戦争時の話をほとんどしたがらず、また友三郎も同様であったと回想している。[*41]

日露戦争での友三郎の活躍は、名声を高め、のちのち彼の政治的な資産となった。だが、友三郎自身は、日露戦争時（日露戦争に限らず、あらゆることについてだが）の自分の活躍を誇るかのような言動を一切残していない。

日清戦争後から日露戦争前にかけて、友三郎は海軍の拡張に尽力した。その後、自ら育てた海軍を運用して日露戦争を戦う。そして、日露戦争後、友三郎は再び海軍拡張の任に就く。

第3章　八八艦隊予算の獲得へ——海軍の利益追求

海軍次官への就任

日露戦争から凱旋したのち、一九〇五年一二月に加藤友三郎は海軍省軍務局長となる。そして、軍務局長就任の翌月、友三郎は軍務局長の事務取扱の状態で、海軍次官となった。

一八九八年から海軍次官は斎藤実が務めていた。日露戦争が始まってからは、斎藤は軍務局長の事務も取り扱っている。その斎藤が第一次西園寺公望《きんもち》内閣の成立に伴い、海相として入閣することになったので、次官を友三郎が継承した。友三郎による軍務局長の事務取扱は、一九〇六年一一月に武富邦鼎《くにかね》が専任軍務局長として着任するまで続く。

海軍省のトップは海相であり、その補佐を務めつつ、省内の事務全般を取り扱うのが、海軍次官である。艦船や兵器の開発と生産計画を管掌《かんしょう》する海軍艦政本部のように、海相に隷属する機関（外局）も存在するが、基本的に海軍省の機構と、そこで扱われる事務は、その大部分が次官のところに集約される（図2）。

海軍次官の下には軍務局のほかに、この当時は人事局・医務局・経理局・司法局が置かれていた

図2　海軍省組織図（1903年12月5日～1916年3月31日）

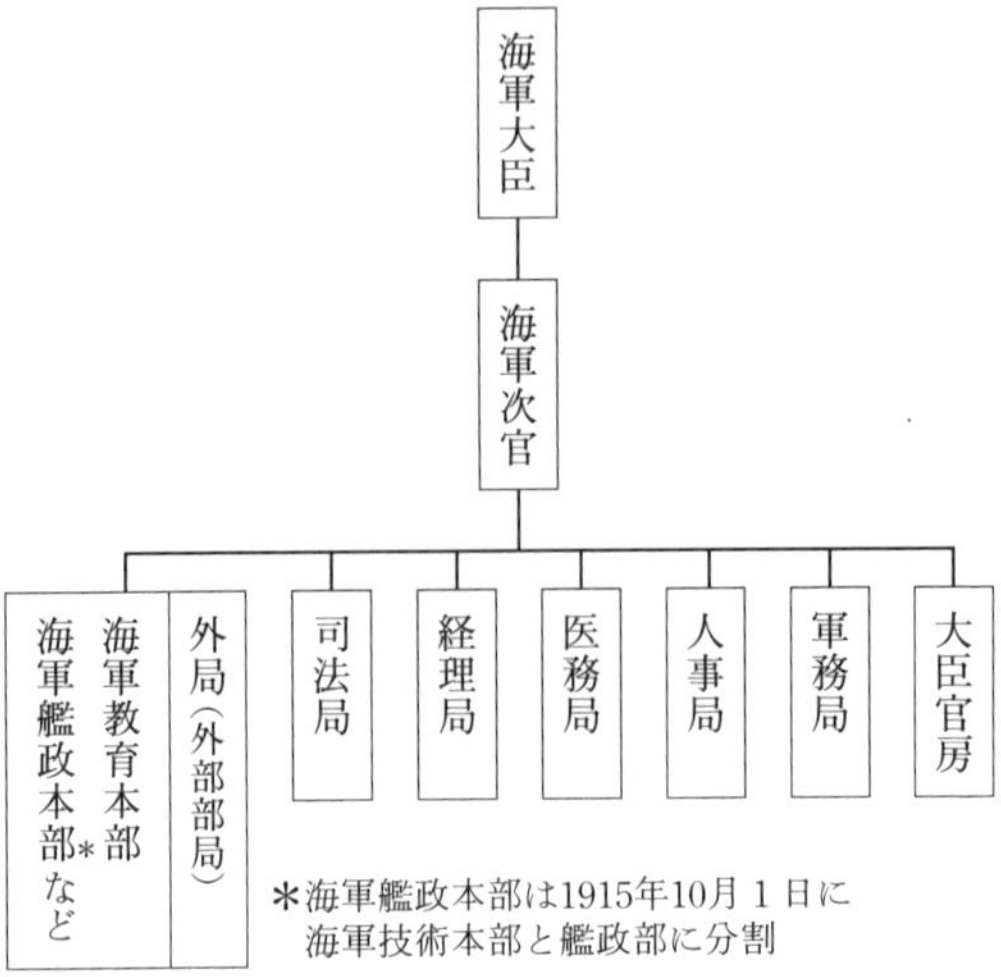

＊海軍艦政本部は1915年10月1日に
海軍技術本部と艦政部に分割

が、海軍省の中枢は海相―海軍次官―軍務局長のラインである。先述したように、軍務局は海軍の編制（軍隊の組織・制度）や国防計画などを担当している。

そのため、海軍次官と軍務局長の兼任は、平時の海軍運営において最も重視された海軍軍備の拡張の、事実上の責任者に就くということになる。

連合艦隊の参謀長として、日本海海戦において東郷平八郎を補佐して勝利に導いたことは、友三郎の軍人としての名声を確固たるものとしていた。明治期に薩摩閥以外で次官に就いたのは、伊藤雋吉、斎藤実、友三郎の三人である。伊藤は次官を最後に現役を退いている。斎藤は山本権兵衛の媒酌で薩摩出身の仁礼《にれ》景範《かげのり》の娘を妻としている。山本に高く評価されていたとはいえ、薩摩閥との縁戚関係のない友三郎が、自身の能力と名声によって出世コースを歩み続けたのは、当時の海軍では異例のことであった。

海軍次官となった友三郎の仕事ぶりは高く評価された。斎藤実は「加藤君は、海軍省の軍務局長時代でも、次官時代でも、非常の勤勉家で、其の日の事は必ず其の日に片付けると言うやり方で、事務を処理して往《い》ったものであった」と述べている。[*1] 酒好きの友三郎は、忙しいときにはコップ酒を飲みながら仕事をすることもあったようだ。[*2]

また、友三郎の迅速かつ的確な決定は、折に触れて海軍の内外で評価された。例えば、一九〇九年一〇月に伊藤博文がハルビンで暗殺されたとの一報が入ると、友三郎は「呉に碇泊中の軍艦秋津州〔ママ〕は全力をもって大連に直航、遺骸を搭載の上横須賀に帰港せよ。近親の方々に急報し、呉より便乗されるよう連絡せよ」と即座に命じて、関係者に配慮した。[*3]

友三郎，第一艦隊司令長官時代

一九〇六年一月に第一次西園寺内閣に入閣してから、一四年四月に第一次山本権兵衛内閣が総辞職するまで、斎藤実は八年以上も海相を務めることになる。そのうち、友三郎が次官として斎藤を補佐したのは、一九〇九年一二月に呉鎮守府司令長官として転出するまでのおよそ四年間である。

日露戦争以前、友三郎が軍務局に勤務して対露戦争を準備していたことは先述したが、日露戦争によってさらに高まった評価と、そうした軍政の経験から、友三郎は日露戦後の海軍経営の重責を担うこととなる。しかし、この間、海軍は海軍拡張予算の獲得に失敗し続けていた。例えば、一九〇七年度以降の海軍整備の予算は既定計画の継続分と戦利艦の復旧が主たるものであり、新規の拡張予算とはとても言えなかった。そのうえ、その既定計画すらも、財政難や物価高によって、繰延を余儀なくされる。[*4]

帝国国防方針

日露戦後の海軍は帝国国防方針が策定されたために、巨額の予算を必要としていた。

帝国国防方針とは、一九〇七年に陸海軍間で策定された帝国国防方針・国防所要兵力・用兵綱領の三つの文書の総称である。帝国国防方針に国防の基本方針が記され、それに必要な兵力が書かれているのが国防所要兵力、戦時の軍の運用について書かれているのが用兵綱領である。

帝国国防方針が策定された理由はいくつかある。

まず、一九〇五年の日英同盟の第一次改定で、対象地域がインドにまで拡大したことから、防衛戦略の再検討が必要であった。

また、日露戦後の財政難によって、陸海軍間の予算編成をめぐる対立が激しくなっていたことから、陸海軍間の戦略方針を一致させる必要もあった。

そして、日露戦争に勝利し、日英同盟を維持していることで、日本は極東地域で圧倒的な軍事的優位を保持していたが、陸海軍にはそれでも軍備拡張を推し進める根拠が必要であった。帝国国防方針では仮想敵の概念を採用し、陸軍はロシア・アメリカ・ドイツ・フランスに、海軍はアメリカに対抗できる軍備をそれぞれ整備することを定めていた。

その仮想敵に対抗できる軍備が、国防所要兵力に記載される、陸軍の平時二五個師団・戦時五〇個師団、海軍の八八艦隊（最新鋭の戦艦八隻と巡洋艦八隻から構成される艦隊）である。

海軍が国防所要兵力として定めた八八艦隊は、巨額の財政支出を必要とするものである。日本海海戦時に保有していた戦艦は三笠・敷島・富士・朝日の四隻である。さらに、日露戦争後に、イギリスやアメリカの海軍が相次いで大型艦（例えば、イギリスのドレッドノート型戦艦、通称弩級《どきゅう》艦、二万トン級）を建造したために、日本の保有する戦艦は日露戦後の世界の戦艦の水準からすると、巡洋艦レベルの戦力しか持たないことになってしまう。[*5]

また、日本は日露戦争を外債と増税に頼って戦っていた。日露戦後の増税も加わり、日本経済は深刻な不況となる。

八八艦隊計画は、日露戦争終戦時の約二倍の数にのぼる最新鋭の戦艦と、それに付随する巡洋艦を建造し、さらにそれらを定期的に更新していかなければならないという、日本の国力に不相応な経費が必要となるものである。次官となった友三郎は、そうした八八艦隊の整備を最初に担う。

さらに、海軍にとって困難だったのは、巨額の予算を内閣及び議会に要求しなければならないにもかかわらず、その根拠となる帝国国防方針は軍事機密であるために、公開できなかったことである。どこを相手にし、なぜそれだけの数がいるのか。そもそも最終的に戦艦や巡洋艦を何隻必要とするのか。友三郎らは予算の必要性を説明しようとしても、こうしたことを海軍の外部に明かすことができない。

例えば、一九〇九年一月二五日の第二五回帝国議会衆議院予算委員会において、憲政本党の大石正巳が帝国国防方針の内容について質問した。だが、第二次桂太郎内閣海相の斎藤実は、「海軍の勢力は常に宇内《うだい》の形勢と国力とに鑑みて、国防の計画を立って往《ゆ》きますので、先刻御尋の如く標準があって――即《すなわ》ち標準と仰っしゃったのは英吉利《イギリス》あたりの標準のことを仰っしゃったのだろうと思いますが、そう云う二国標準とか何とか言うことはないのでありますﾞ」と、[*6]質問された内容の正否だけ述べて、最終的に戦艦や巡洋艦をそれぞれ八隻建造することを目標としていることは述べなかった。帝国国防方針の内容については、その中の数字すら、外部に公表することが避けられていた。

次官である友三郎が、海軍拡張予算を満足に獲得することができなかったのは、日露戦後の財政難が最も大きな要因である。同時に、右のような帝国国防方針の扱いの難しさも、予算獲得の大きな障害となっていた。

友三郎は予算要求に非常に難儀する状況のなかで次官を務めたことにより、予算を海軍外部に要求する難しさを感じたと思われる。そして、この次官時代の経験が、のちに第二次大隈重信内閣で海相に就任した際の友三郎の言動を形づくることになる。

長女の結婚とその家庭

一九〇八年八月、友三郎は海軍次官在職中、同期の島村速雄とともに、海兵七期で最も早く海軍中将に進級した。

その後、海軍次官をおよそ四年務めたのち、友三郎は一九〇九年一二月に呉鎮守府司令長官となった。鎮守府とは各海軍区において、その管区の警備や所属部隊の監督を担当する機関である。当時は、呉鎮守府のほかに、横須賀、佐世保、舞鶴、旅順に鎮守府が置かれていた。

友三郎が呉鎮長官となった翌年の一九一〇年一〇月、学習院女学部を卒業した一人娘の喜美子が、船越隆義と結婚した。

加藤家と船越家はともに広島藩の出であるため、縁談が結ばれた。隆義は海軍兵学校卒業後、少尉候補生として同期の長谷川清とともに、一九〇四年八月から〇五年一二月まで三笠に乗組んでおり、連合艦隊参謀長を務めていた友三郎とも、そこで職務をともにしていた。

結婚したとき、隆義は海軍大尉として海軍大学校乙種学生である。その後の隆義は呉予備艦隊の参謀や春日の航海長を務めたのち、一九一七年五月からフランスに駐在する。そして、一九一九年にはパリ講和会議の講和全権委員の随員を務めた。友三郎の死去後、男子がいなかったため、この女婿《じょせい》の隆義が加藤家を継承することになる。

喜美子と隆義との間には、一男五女が生まれた。長女は一九一三年一月に生まれ、多喜と名づけられたが、一四年八月に夭折した。同年九月には二女として照子が生まれるも、一九一九年三月に

友三郎の娘一家，パリ，1929年７月　前列左から喜美子，愛子，隆義，後列は左からパリ出張中の三川軍一，副官の松原明夫

夭折する。

その後、一九一六年九月に長男の昇が生まれる。友三郎にとっては唯一の男の孫であったが、病弱だった。そのため、隆義がフランスから帰国したのちに一九二〇年七月に生まれた三女の愛子が、旧西尾藩主家の当主である松平乗統四男の齊《ひとし》と結婚し、齊が加藤家を継承することになる。

一九二二年一〇月には四女として光子が生まれる。加藤家に伝わる話によると、友三郎は赤ん坊の光子を非常にかわいがり、死の直前（後述するが、友三郎は一九二三年八月に死去する）まで布団を並べ、「孫はかわいい」と言っていたようである。

友三郎の死後、一九二四年七月には五女の夏子も生まれたが、三三年九月に夭折する。

隆義は一九二七年五月にパリに出張し、七月から二九年八月まで国際連盟の軍事諮問委員会において、日本の海軍代表を務めた（一九二八年四月からは空軍代表も務める）。長期間にわたる滞在であったことから、隆義は喜美子と愛子を伴って渡仏し、その間、昇と光子は加藤家で養育された。

二度もフランスに長期間滞在した隆義の家庭の雰囲気は、家族が隆義のことを「パパ」と呼ぶなど、当時としてはモダンなものだったそうだ。

シーメンス事件で揺れる中央

一九一三年一二月、友三郎は第一艦隊司令長官に親補される。当時、連合艦隊は戦時や大演習のときにしか編成されない。連合艦隊が常設されるのは、ワシントン会議後の軍縮と関東大震災への対処のために、練度を維持・向上することをきっかけにした一九二〇年代以降である。[*7]

連合艦隊が置かれていないなかでは、新鋭の軍艦が配備される第一艦隊の長官は、海軍軍人にとっては花形のポストとなる。第一艦隊司令長官の地位に就いたことは、友三郎の海軍軍人としての栄達の一つの到達点であった。

また、第一艦隊司令長官として洋上にいたことで、友三郎は中央の混乱の影響をほとんど受けなかった。当時の海軍中央はシーメンス事件で揺れていた。

シーメンス事件は一九一四年一月下旬から議会で政治問題化していき、新聞でも盛んに報道された。ドイツのシーメンス社から海軍の高官に賄賂がわたっていたことが暴露された事件を発端にし、その捜査・追及の過程で、イギリスのヴィッカーズ社からの贈賄もあったことが明らかになった。

当時は山本権兵衛が立憲政友会を与党としながら内閣を率いていた。複雑かつ別個の事件である両者は、海軍と山本に対する不満から一緒くたに扱われ、山本も不正に関与していたのではないかという報道がひとり歩きし、事件の構造が単純化されて理解されていったことで、現在ではシーメンス事件と呼ばれる。[*8]

首相である山本権兵衛や海相の斎藤実が不正に関わったという証拠は出てこなかったが、ヴィッカーズ社に関わる贈収賄事件で、海軍艦政本部長を務めた経験があり、友三郎と海軍兵学校同期で、友三郎の後任として呉鎮守府司令長官となったばかりの松本和が捜査対象となった。のちに軍法会議で有罪となり、松本は一九一四年五月に失官となる。

新聞上で煽動的に報道され、海軍批判が極度に高まった。そのため、海軍が一九一四年度予算に計上していた一億五四〇〇万円の海軍補充費の成立が難航する。第三一回帝国議会において、与党である政友会が多数を占める衆議院では原敬が指導力を発揮して三〇〇〇万円の削減に抑えたものの、貴族院では七〇〇〇万円の削減が決定した。両院協議会が開かれたが、予算案は通過せず、第一次山本権兵衛内閣は一九一四年三月二四日に総辞職する。[*9]

第一艦隊司令長官として一時的に中央を離れていた友三郎は、こうした政争から距離を置くことができていた。

清浦奎吾の組閣を潰す

第一次山本内閣の総辞職の要因は、海軍の汚職事件であるシーメンス事件であった。だが、それでも海軍は一九一四年度予算に必要とする経費を盛り込むことに固執する。そのことが、「鰻香《まんこう》内閣」とも呼ばれた清浦奎吾《けいご》内閣の組閣失敗をもたらすことになる。

一九一四年三月三一日、組閣の大命が山県系官僚で枢密顧問官の清浦奎吾に下った。元老である山県有朋の斡旋で陸相は岡市之助に内定したが、海相の人事は難航した。

組閣の大命が下った日、清浦は海相の斎藤実を訪問する。斎藤は清浦に海相の後任候補として、教育本部長の島村速雄と第一艦隊司令長官の友三郎を挙げた。清浦は友三郎を上京させることを依頼し、友三郎は四月二日午後に上京して、海軍次官の財部彪から時局に関する説明を受ける。財部は山本権兵衛の女婿であり、そこでは山本らの方針と、それにもとづき友三郎がとるべき態度について、希望が伝達されたはずである。友三郎は四日に予定されていた清浦との会談を五日に延期し、三日と四日を政局やシーメンス事件で不成立となった補充予算に関する、財部らからのレクチャーにあてる。[*10]

四月五日に友三郎は組閣を進める清浦と面談した。清浦側は内閣としては海軍が求める経費を、予備費などを用いて成立させることはできないという見通しを伝えた。[*11] そのうえで、「何れか海軍にて遣繰《やりくり》出来ざるや」と海軍に妥協を要請する。[*12]

それに対し、友三郎は「然《しか》るに於《おい》ては、到底海軍大臣として海軍を治《おさめ》て行く事の出来ざる次第」を述べ、海相就任を拒否した。友三郎のこうした態度に清浦は、臨時議会を開いて海軍予算の成立を目指しても、海軍批判を高めるだけであると訴えた。だが、友三郎はそうした清浦の主張に対し徹底して反論した。[*13]

最終的に、友三郎は海軍の組織利益を主張しながら、やり取りのなかで「結局清浦氏〔中略〕をして匙《さじ》を投げしめんとするに漕ぎ附けた」。そうした海軍の責任を巧みに回避した友三郎の折衝能力を、海軍次官の財部彪は「大に感服に堪《たえ》たり」、前首相の山本権兵衛は「余程能《よ》く出来たり、島村には到底夫丈《それだけ》の事は出来ず」と激賞する。[*14] 山本は同期の島村速雄と比較して、それまでも友三郎を高く評価してきたが、ここでも友三郎の政治手腕への信頼を厚くした。

山本権兵衛以下の海軍の予算獲得要求は非常に強硬であり、山本らの期待に対して、友三郎は山本らを感嘆させるだけの手腕でもって応えた。のちに八八艦隊の財政的無謀さを認識して軍縮を決断する友三郎も、このときは海軍の組織利益を最優先に行動していた。

海軍と妥協できなかった清浦は結局、組閣を断念せざるを得なくなる。組閣の大命は新たに大隈重信に下った。第二次大隈重信内閣は、一九一四年四月一六日に成立する。海相には、舞鶴鎮守府司令長官の八代《やしろ》六郎が就いた。

第二次大隈内閣は、八月に第一次世界大戦に日英同盟を理由として参戦した。連合艦隊は編成されず、第一艦隊と第二艦隊はそれぞれ、海軍軍令部の指示を受けて行動する。第二艦隊は山東省青《チン》島《タオ》の攻略作戦に参加した。旗艦摂津（二万八〇〇〇トン）に座乗する友三郎が率いる第一艦隊は、当初は東シナ海の通商線の保護を担った。[*15] 九月には第一艦隊から艦艇を抽出して編成された南遣支隊がドイツ領ミクロネシアの占領などを担当する。[*16]

第二次大隈内閣の海相に八代六郎が就任したのは、八代と同郷で親しかった加藤高明の推挙があったからだ。加藤高明は第二次大隈内閣の与党の一つである立憲同志会の総理であり、第二次大隈内閣では外相を務める。

八代が入閣の条件で揉めた場合に、大隈が予備役から大臣を登用することを匂わせたため[*17]、それを心配する山本権兵衛のもとで、海軍は強硬な姿勢をとれなかった。八代は加藤高明との会談の約束を理由に、斎藤実や財部彪といった海軍首脳部との意見交換を短時間で切り上げ[*18]、加藤高明と大隈に会って海相に就任する。

海軍粛清の世論に押される第二次大隈内閣のもとで、八代は山本と斎藤という海軍の実力者二名を予備役に編入したうえで、山本の女婿で海軍次官を務めていた財部を待命とした。以後、財部はしばらく中央の要職からは遠ざかる。八代は海軍中枢の薩摩閥勢力を一掃していった。

八代は入閣時に大隈に対して、友三郎と清浦との間で問題になった海軍補充予算として、戦艦建造の継続費の不足分を、臨時議会を開いて認めるよう要求していた[*19]。これは、すでに継続費として認められている戦艦建造費に、物価高騰の影響で不足が生じていたため、それを補塡する経費を得なければ、戦艦の建造ができなくなるからであった。その要求は第二次大隈内閣成立後に一応認められ[*20]、一九一四年六月に開催された第三三回帝国議会で協賛を得た。

だが、それは海軍にとって、満足のいくものではなかった。第一次山本内閣の際に海軍は戦艦三隻の継続費に対する不足分九五〇万円を要求していた。しかし、得られたのは戦艦二隻の建造を中止し、熟練工の維持のために認められた一隻分六五〇万円のみに過ぎなかったからだ。[*21]

八代はたしかに第二次大隈内閣の要である加藤高明に近い存在であったが、予算要求は強硬だった。八代は海軍大学校長時代に佐藤鉄太郎らとともに、対米七割論を盛り込む「国防問題の研究」を一九一三年六月にまとめるなど、海軍の軍拡を目指していた。[*22]

しかし、八代の強硬かつ巨額の予算要求に、大隈は「海軍は何となく造艦主義に傾いて来て、此《この》経費の膨張するには困る」と批判していた。[*23] 八代を補佐する次官は鈴木貫太郎、軍務局長は秋山真之と、行政経験にやや乏しい面々でもあった。結局、八代らは海軍の拡張計画について、駆逐艦の補充計画程度しか実現させられなかった。[*24]

しかし、そのような状況だからこそ、八代首脳部らは海軍予算の獲得に焦っていた。そして、予算要求の方法の大転換を図る。それは、策定以来秘匿《ひとく》され続けていた、帝国国防方針の内容を一部公表するというものである。

一九一四年七月一〇日、八代は大隈に対して、「明治四十年〔一九〇七年〕の策定に基き第一線艦隊（艦齢八年未満の戦艦八隻、巡洋戦艦八隻を以《もっ》て最低限の主力とし、之《これ》に補助部隊として巡洋艦以下各種艦船を附す）を案画せるも、財政の現状に考え、今俄《にわか》に之を充実すること能《あた》わざるを以て、漸次《ぜんじ》之が完成を期することとし、其《その》階段として戦艦八隻、巡洋戦艦四隻を主力とし、之に伴う補助部隊として巡洋艦以下各種艦船を附することと致度《いたしたし》」と、[*25] 明らかに帝国国防方針を根拠として予算を要求した。

　また、新聞記者への談話でも、八代は「目下海軍の必要とする充実計画は、十年前日露戦役後直《ただち》に実施すべき筈《はず》のものにして、根幹は国民に示さず、枝葉丈《だけ》ポツポツ発表し来《きた》りしなり。余の考えにては、左様《さよう》の秘密主義に拠《よ》るべき場合に非《あら》ず。海軍力の現在と其《その》将来の要求を、明々白々に国民の前に露出し、帝国の国防上最少限度に於《おい》て、猶且這般《なおかつしゃはん》の実力は泣くも笑うも必要なりてふ〔ママ〕真相を明白ならしめ、斯《か》くて全国民と共に其実力の充実を図るべきものなりと思考しつつあり。されば今後は、海軍の計画を毫《ごう》も秘密に附せず、容赦なく発表する筈なり」と語る。[*26]

　さらに、海軍次官の鈴木も、「元来我《わが》国防の根本議は先帝陛下の御遺勅《いちょく》に基くもの」と談話内で述べ、[*27]明治天皇の権威を持ち出して海軍予算の成立を主張していた。

　つまり、もともと帝国国防方針に八八艦隊という海軍の整備目標は記載されていたが、その帝国国防方針を根拠として八八艦隊の成立を主張する「八八艦隊論」は、八代が海相の際に、予算要求の苦肉の策として登場する。

　その後、第二次大隈内閣の与党に選挙違反の疑惑が生じ、低下した求心力を回復するために行われた内閣改造により、八代は海相を辞任する。

初入閣、海相へ

　八代は海軍内、特に現役を退きながらも影響力を持ち続けた山本権兵衛らから忌避《きひ》されていた。

「八代海相に対する部内の不評判は想像以上にて長老連中の如きも海相が平素一にも加藤〔高明〕、二にも加藤と万事其言《そのげん》に聴き、兎角《とかく》部内に重きを為す長老を疎外するの傾きありとて憤慨啻《ただ》ならざ」るものがあったという新聞報道もみられる。[*28] 竹馬の友である加藤高明とともに政府内での調整を優先し、海軍の組織利益を追求できない八代の海軍内における求心力は非常に低かった。

八代とは対照的に、ここまで何度も述べてきたように、友三郎は山本から非常に高く評価をされていた。この時期は、第二次大隈内閣に海軍の組織利益を十分に主張できないことが問題視されており、そうしたことができる政治手腕が求められていた。

大隈と八代は、山本の影響力を排除するために、予備役海軍大将の瓜生外吉を海相に就けようとしていた。八代は、そのために友三郎を上京させる。八代は「加藤友三郎を打電召喚（佐世保より）之上、同人と共に爪生《〔ママ〕》を説かば爪生《〔ママ〕》必ず応ずべし」と大隈に説明していた。[*29]

ところが、結局は上京に応じた友三郎が、一九一五年八月に海相として初入閣することとなる。このあたりの経緯は、残念ながら史料上で確認することができない。[*30] 清浦奎吾内閣の組閣を阻止した友三郎は、周囲が「案外容易」と驚くほどにあっさりと海相に就いた。[*31]

友三郎は就任の直前、「帝国海軍として補充計画の必要なるは言う迄《まで》もなし。而《しか》して此《この》目的を達するに就《つ》き〔中略〕何人《なんぴと》の内閣たるとを問わず、海軍の為、誠心誠意を以《もっ》て努力し呉《く》るる内閣ならんには、予は最も満足す」と述べていた。[*32] 前年と違い、友三郎があっさりと海相就任を承諾したのは、八代のもとで海軍の拡張が全く進んでおらず、それに対する危機感があったからだと思われる。

注目すべきは、政治手腕のある友三郎が山本権兵衛から支持をされていると同時に、山本の影響力からの脱却を目指した八代らからも、友三郎が評価を得ていることである。八代は山本の意に沿う人物を海相に就けないための自身の策動に、友三郎が同調すると考えていた。

海軍内から「一体加藤など云う男は何時《いつ》の内閣へも入れる男なのだから、なにもこんな短命な内閣へ入るにも当らなかったのである、俺《わ》しは加藤承諾の報を聞いて大いに彼れを惜んだよ」という声も上がっていた。[*33] 友三郎は山本だけでなく、海軍の広い範囲から支持・信頼される人物として、海相に就任する。

海相を補佐する次官は鈴木貫太郎が務めていたが、一九一七年九月に栃内曽次郎《とちないそうじろう》に交代する。軍務局長は一九一六年三月に秋山真之が第一次世界大戦の視察でヨーロッパに出張したため、鈴木貫太郎（次官との兼任）・小栗孝三郎が短期間務めたのち、一二月より井出謙治が務める。井出は一九二〇年八月まで軍務局長を務めたのち、次官に昇格して友三郎が海相を退くまで支えた。

また、友三郎の海軍運営に協力した存在として、友三郎と海軍兵学校同期の島村速雄がいる。島村は山本から評価されておらず、中央での要職から遠ざけられていたが、八代による海軍粛清の一環として、海軍軍令部長に抜擢されていた。友三郎と島村は互いの家庭を行き来するほど仲がよく、[*34] 友三郎は島村と人事などの重要事項をしばしば相談しながら処理していった。[*35]

なお、友三郎は海相就任直後、海軍中将のときと同様、同期中トップで島村とともに海軍大将に進級する。

八代六郎の方針継承

友三郎は海相在任中に、八代海相期にはなし得なかった海軍の軍備拡張、すなわち八八艦隊予算の獲得に成功することになる。とはいえ、友三郎は実のところ、多くの部分で八代の方針を継承していた。

まず、友三郎は山本権兵衛から期待されていたが、山本に与《くみ》したわけではなかった。むしろ、八代同様に山本と薩摩閥の影響力の排除を継続していく。

友三郎海相期の海軍首脳の顔触れをみるとわかるように、友三郎は海軍首脳部を当初は八代海相期から動かさず、その後も薩摩出身者を登用しなかった。海軍が戦艦建造費の不足分の調達について議会での協賛を得られていたのは、八代が海相就任当初に山本や斎藤実を予備役に編入し、また薩摩閥を排除していたことが評価されたからであった。薩摩閥を再度重用すれば、内閣・議会・世論を敵に回すことになる。

八代海相の時代に、円滑な海軍予算成立のため、汚職の温床とされていた海軍艦政本部の解体案が立案されていた。それは友三郎が海相に就任してから実現することになる。友三郎もまた、議会や世論が海軍に向ける批判の緩和に気を配っていた。

友三郎自身は海相時代、出身地の広島に対する愛着はそれなりにあったようである。広島出身で当時は東京帝国大学の学生であった賀屋興宣《かやおきのり》（のちの第一次近衛文麿内閣蔵相）が、広島学生大会を企画したとき、賀屋の求めに応じて演説をしている。[36]

だが、出身地に愛着は持っていても、友三郎は人事で特定の地域の出身者を優遇することはなかった。その一方で特に、薩摩閥には警戒し、山本周辺が再び海軍内で影響力を持つことを防ぐため、山本を元帥にする運動があってもそれを拒否した。[37]

友三郎はその後、陸軍との間で元帥として推薦する条件を話し合う。そこでは、日清・日露戦争時の司令長官か司令官、もしくは少将参謀長という条件で合意し、事実上、自分より年次が下の大将全員を元帥の条件から外した。山本らの主張によって薩摩閥の海軍大将が元帥となって海軍内で影響力を保つことを防ごうとしていたためと考えられている。[38]

友三郎はその後も、朝鮮総督となった斎藤からの人事上の要求を断るなど、人事においての自立性を確保しようとしている。[39]

山本から距離をとるようになった友三郎は、薩摩出身ではあるが、山本と違って政治的な策動をしない東郷平八郎に接近していく。[40] 東郷は一九一三年四月に元帥となり終身現役であったが、海軍内では隠居扱いされることもあった。海軍省副官を務めた野村吉三郎の回想では、友三郎は副官を通じて東郷へ重要事項の報告を行っている。[41] もちろん、日本海海戦時の直属の部下であったこともあるだろうが、こうした友三郎の姿勢によって、東郷も友三郎への信頼を厚くするようになる。東郷からの信頼は、友三郎の海軍運営を支えた。

また、友三郎は予算要求の論理も八代のものを継承した。そもそも、海相就任時に友三郎は、

「計画の内容は自分の位置として発表を憚《はばか》る所なるも、所謂《いわゆる》八代案を其儘《そのまま》踏襲して、何等《なんら》の変更を加えざりしこと丈《だけ》は云《い》い得べし」[*42]と、八代の手法を継続することを明言していた。実際、友三郎は帝国国防方針の内容を一部公表し、それによって八八艦隊の予算を獲得しようとする。

友三郎が海相となってから最初の議会である第三七回帝国議会において、例えば一九一五年一二月七日の衆議院本会議で、友三郎は次のように述べている。「〔明治〕三十九年〔一九〇六年〕乃至《ないし》四十年頃、八八艦隊と云《い》うものを以《もっ》て国防の方針とすると云うことを決定されまして以来、歴代の大臣が決して之を変更したことはないのであります。私に至りましても亦《また》、変更を致しもしませず、将来に於《お》きましても変更を致そうと云う意思は無いのでございます[*43]」。

ここで友三郎は、八代と同様に帝国国防方針を根拠として八八艦隊の実現要求を宣言している。同日、貴族院本会議では「三十九年から翌年度即《すなわ》ち四十年度に掛けまして、先帝陛下の御諮問に対し、元帥府の諮詢《しじゅん》を経て決定されましたのが、今日もまだ其《その》方針を確守いたして居るのでございます。其方針は最新式の戦艦を八隻、巡洋戦艦を八隻、之を主力と致しまして、之に相応する補助艦を加えると云うのが確定いたしました方針でございます」[*44]と、明治天皇の名前を用いて帝国国防方針と、そこに記載されている八八艦隊を権威付けしようとしていた。

日露戦争時には世論を気にかけていなかった友三郎だが、次官になると予算の必要性を海軍外部に訴えることに苦慮する。八代の方針を引き継いだ友三郎はこの経験から、海軍外部に対して丁寧な説明に努めるようになっていく。

寺内正毅内閣への留任

第二次大隈内閣が総辞職すると、大隈は立憲同志会の加藤高明を後継首相に推していたが、元老の山県有朋は朝鮮総督の寺内正毅を後継首相に指名した。

寺内は国内外の情勢を分析し、同志会や政友会の協力を得た挙国一致内閣の必要性を感じていた[*45]。だが、右のような山県と大隈の意見対立や、山県らの主張によって、寺内内閣は政党から大臣を得ることができず、山県系官僚を入閣させる超然内閣として成立した。

さらに、寺内内閣成立の翌日に大隈内閣の与党は同志会を中心に合同し、憲政会を組織する。総裁には加藤高明が就いた。組閣の経緯から、憲政会は寺内内閣に批判的であった。その後、政友会の原敬の巧みな政治手腕により、寺内内閣と政友会の接近が進み、政界での原の持つ重みは増していく[*46]。寺内内閣の存立基盤は不安定であった。

友三郎は寺内内閣に海相として留任した。海軍から強く支持される友三郎を、短期間で交代させて海軍との関係を悪化させる理由など、寺内にはなかった。寺内は山県の傀儡《かいらい》では決してなかったが、閣僚構成は山県系官僚を主体としている。そのため、友三郎は閣内でほぼ唯一、山県の影響下にない閣僚となった。

海軍内では、財部彪らによる、寺内内閣の存立基盤が決して強固でないことを利用して、一挙に八八艦隊予算を獲得するべきだという主張があった。だが、政争に巻き込まれることになりかねないそうした行動を、友三郎はとらなかった。[47]

寺内正毅内閣は一九一六年一一月二七日の閣議で、「先《ま》ず大体の国情より、国防充実を先決問題となし、国家最大の難局に対するの処置を採り、他の経常費増加を避くること等を演述す」とするなど、[48]軍備拡張政策を比較的優先していた。一九一七年六月から七月にかけて開催された第三九回帝国議会で、八四艦隊予算が成立する。

八四艦隊予算を獲得しても、友三郎は一気に八八艦隊予算を主張することはなかった。一九一七年一〇月一〇日に友三郎は蔵相の勝《しょう》田《だ》主計《かずえ》と相談したうえで、八四艦隊計画を八六艦隊計画に変更する。[49]友三郎は東郷ら海軍の長老らとの意思統一も抜かりはなかった。[50]提出した予算案は一九一八年三月に議会を通過し、八六艦隊予算が成立する。

政治的に不安定な地盤に立つ寺内は、山県とも政友会とも関係しておらず、漸進的な要求にとどめて政局の動揺を回避しようとする友三郎に、徐々に信頼を寄せていくようになる。

一九一八年四月、シベリア出兵への対応をめぐって、外相の本野《もとの》一郎が辞職する。外務省や陸軍と寺内はこのとき、アメリカの提議を超える規模の自主的出兵を主張し、アメリカの提議内での出兵にとどめようとする衆議院第一党の党首である原と対立していた。本野の後任には後藤新平が就き、引き続き対ソ出兵規模の拡大を主張する。[51]

一九一八年七月、米騒動が発生し、統治能力の不足が露呈した寺内内閣を、陸軍も見限り始めた。[52]持病の悪化した寺内自身も辞意を固めた一九一八年の夏、外務次官の幣原《しではら》喜《き》重郎《じゅうろう》が病床の寺内を訪ねた。寺内は「おれは本野外相の臥床《がしょう》中、外交の問題について、これまで指図して来たが、身体もよくないし、そういう事は加藤（友三郎）海相に委《まか》せてあるから、すべて加藤に相談してくれ」と述べた。*53

シベリア出兵で規模拡大の強硬論を主張した寺内に外交を任される友三郎が、当時どのような外交方針であったのかを示す史料はなく、寺内内閣も一九一八年九月末には総辞職してしまうため、不明である。ただ、次の原敬内閣に海相として留任後、友三郎は原のシベリア撤兵の方針を支持していたことから、*54 寺内と外交方針で一致していたとは考えにくい。寺内の幣原への発言は、内閣の性質上、全幅の信頼を寄せる人物を閣内に求めにくかった寺内が、ただ一人後事を託したいと思える人物が、友三郎だったからなされたものと言えよう。つまり、友三郎が政局の安定化に貢献してくれた存在だったことを示す発言だったのである。

原敬内閣下、八八艦隊予算の成立

寺内正毅内閣は一九一八年九月二一日に総辞職し、二七日に立憲政友会総裁の原敬に組閣の大命が降下する。

原は元老山県有朋らからも同意をとりつけ、友三郎を海相に留任させた。寺内内閣期にみせた手腕からして、大きな反対の声はどこからもあがらなかった。

原敬内閣は四大政綱の一つに国防の充実を掲げていた。一〇月二三日の閣議で、次のようなことを決定している。

帝国の現状に照し、並《ならびに》世界列国の趨勢《すうせい》に鑑み、国防の充実に関する方針を確立し、必用已《や》むを得ざる程度に於《おい》て財政との調和を保ち、陸海軍同時に大正九年〔一九二〇年〕度以降相当の計画を立て其《その》実行を期する事とし、之《これ》が財源は必要の場合に於ては増税増収公債等の計画に依《よ》り之を調弁すべし[*55]

原　敬

原内閣が成立した九月末は、次年度の予算について各省の概算要求が出揃っている時期である。原内閣は四大政綱実現のために予算案の組み替えに忙しく、原が重視する教育をはじめとしたいくつかの分野についても予算が足りない状況であった。[*56]友三郎はもともと、八八艦隊予算の提案は次年度に行うとしていた。[*57]陸相の田中義一も、軍備拡張予算を一九一九年度ではなく二〇年度の予算に盛り込むことについて理解を示した。一九一九年度予算では、既定計画の継続費に物価騰貴に対応するための追加費用を上乗せして海軍予算が認められる。[*58]

しかし、一九二〇年度予算を審議する第四二回帝国議会では、衆議院が解散となったため、八八艦隊予算は成立しなかった。

当時、普通選挙をめぐって与野党間で激しい対立が起こっていた。前年の第四一回帝国議会では政友会が主導して選挙資格を直接国税納税額三円の水準に引き下げ、小選挙区制を導入する選挙改革が実現していた。さらに、野党の憲政会と立憲国民党が一九二〇年に普通選挙法案を提出したことに対して、原は解散総選挙に打って出る方針を示す。

衆議院が解散となれば、せっかく閣議を通った八八艦隊予算を盛り込んだ一九二〇年度予算は不成立となる。だが、友三郎は「国防問題二三ヶ月後《おく》るるも政界の予想は政事家の考に譲るの外《ほか》なければ、国防数年後るるが為めに解散を中止し、後に至りて騒擾《そうじょう》不安一層激烈となりては、責任上相済まざる事に付、自分は直《ただち》に賛成したり」と述べて、原の方針を支持する。[*59]

議会・政党・世論を無視し、海軍の組織利益のみを追求して、巨額の予算を成立させられる時代ではないことを、友三郎は八八艦隊予算の獲得を目指す長い取り組みのなかで痛感していた。世論に支持される安定した政権によってのみ、漸進的に八八艦隊のような巨額の予算を決定・実行できると考え、たとえ八八艦隊予算の成立が遅れようとも、友三郎は政友会が安定した勢力を議会内で獲得することを優先したのである。

一九二〇年五月一〇日に実施された総選挙で政友会は圧勝した。その政友会の勢力を背景に、七月に開催された第四三回帝国議会で、海軍念願の八八艦隊予算がついに成立することになる。

海相としての友三郎

苦心の末に八八艦隊予算を獲得した友三郎は、呉水交社で開かれた晩餐会で、「要するに我慢が大事だ」や「時機を得ることが大切だ」と語っていた。[*60] だが、単に我慢をしただけで、八八艦隊予算を獲得できたわけではない。

友三郎が海軍次官を務めていた一九〇六〜〇九年、海軍は帝国国防方針に八八艦隊の必要性を記載していながら、ほとんど海軍拡張予算を獲得することができなかった。日露戦争後の不況によるだけでなく、帝国国防方針の内容を秘匿しなければならず、説得的な論理を構築することができなかったからである。こうした失敗の経験から、友三郎は海軍外部に対する説得的な予算要求の論理の必要性を感じるようになった。

実際、八代六郎が帝国国防方針の内容を一部公表して海軍拡張予算の獲得を狙うと、八代の後を継いで海相となった友三郎は、有効な予算要求の論理を欲し、八代の方針を継承する。

単に海軍外部に海軍の要求を強硬に押し付けるだけでは、予算は獲得できない。山本権兵衛のように首相となっても、シーメンス事件のような汚職事件で議会を敵に回しては予算は獲得できない。陸軍にとっての山県有朋のように、強い政治的影響力を持った大御所的政治家は、海軍にはいない。

そうした状況下で、友三郎は次のように考えている。政権を握るのは海軍ではなく、政治を担うべきは世論に支持された政党である。海軍外部が納得する論理を述べ、海軍の要求を強硬に主張せず、政局を安定させながら漸進的に要求を提案する。こうして初めて八八艦隊という巨額の予算を必要とする計画は、議会で認められる。

友三郎は世論と議会を意識しなければならない状況にあった。

もちろん、八八艦隊予算を成立させた最大の要因は、第一次世界大戦によって生じた好景気からくる、財政上の余裕である。

だが、友三郎にとって八八艦隊予算の獲得は、議会・政党・世論を意識した取り組みの結果であった。八八艦隊予算の獲得を目指した海軍次官就任以来の友三郎の取り組みは、友三郎に政党政治が時代の潮流であることを認識させ、世論に基礎を置く政党を意識する視野をもたらした。八八艦隊という海軍の組織利益の実現のために、友三郎は軍人政治家として大きく成長していた。

友三郎が海相を務めた大正時代は、国内で労働争議が頻発していた。各地の海軍工廠《こうしょう》では、ストライキをはじめとして、対処しなければならない労働問題が頻発していた。友三郎もたびたび憂慮の念を示し、労働者に向き合わなければならなかった。[61]

ただし、このときの友三郎は、労働者の意見を常に取り入れなければならないと考えていたわけではない。一九一九年九月二〇日に開催された工廠長会議において、友三郎は次のように訓示している。労働問題に関する学術的研究ですら対応策について一致がみられない状況下で、「労働者が深く事の真髄を究《きわ》めず、軽々しく急激なる意見を発表し、或《あるい》は軽挙盲動《もうどう》するが如きことあらば、啻《ただ》に問題の解決を益々《ますます》困難ならしむる」というのである。[62]

同年一一月の将官会議でも、友三郎は「思想問題に関しては、〔中略〕労働問題、生活難の問題等と関聯し近来一般に悪化しつつあるやに観測せらる」と発言している。[*63]

世論に敏感となり始めた友三郎といえども、民衆のあらゆる意見を容認したわけではない。大正期は海軍の内外で、デモクラシーの社会的風潮に海軍がどのように向き合うのかが問われていた。[*64]その意見は論者によって多様であり、友三郎には友三郎なりの、世論への向き合い方があった。友三郎は、政党政治を世論の発現とみて、重視していたのだ。

苦心の末に認められた八八艦隊は、その後、ワシントン会議で友三郎自身の手で葬られる。そうした決断ができたのは、友三郎が八八艦隊予算を獲得する過程で手に入れた、世論に対する視野を持っていたためだ。友三郎が世論に向き合うようになる様子、そして、どのようなものを世論として捉えるようになったのかを、次章以降でみていきたい。

皇太子裕仁の外遊

なお、友三郎は原敬内閣の海相時代、皇太子裕仁のヨーロッパ外遊の準備をしている。首相である原敬と元老の山県有朋の間では、すでに一九一九年一一月には皇太子外遊の必要性について意見の一致がみられた。[*65]

だが、東宮大夫の浜尾新《あらた》や、貞明皇后の反対が強固であった。大正天皇の病状などから、皇太子が不在となることへの懸念が最も大きな理由であった。[*66]

原や山県、元老で内大臣の松方正義の度重なる説得によって、ようやく貞明皇后の意見が軟化の兆しをみせたのは、一九二〇年一〇月下旬であった。
ただし、その後に皇太子の結婚問題から宮中某重大事件と呼ばれる混乱があり、貞明皇后が最終的に外遊を承諾するのは、一九二一年一月一六日である。[*67]
皇太子の外遊となれば、移動手段は海軍の軍艦となるため、友三郎が外遊の準備に加わる。一九二一年一月一八日、原と宮相の中村雄次郎との相談の場に、外相の内田康哉《こうさい》とともに呼ばれた友三郎は、原・内田・中村の意見と希望を聴取したうえで、日程と随員について検討することとなった。[*68]
友三郎は早速、海軍省軍務局に立案を命じ、訪問先をヨーロッパのみとする案やアメリカを経由する案など計五案を作成させた。[*69] アメリカを訪問するかどうかでスケジュール調整は二転三転したが、二月八日にようやくヨーロッパのみの訪問とすること、出発は三月三日とすることが決まった。[*70]
友三郎は御召艦となる戦艦香取（一万五五九〇トン）と鹿島（一万六四〇〇トン）によって、第三艦隊を編成し、司令長官に小栗孝三郎をあてた。また当時、国際連盟海軍代表としてパリにいた竹下勇に、ヨーロッパでの準備を指示している。[*71] 竹下はパリ講和会議の随員も務めた国際派の海軍軍人であり、ジブラルタルで一行に合流した。
皇太子の、特に艦内での様子については、第三艦隊が逐次友三郎のもとに報告していた。そうした情報が原に渡され、原から大正天皇や貞明皇后に披露されていた。[*72]

第4章　ワシントン会議全権——一九二一〜二二年

第一次世界大戦後の国際秩序

一九一九年六月にヴェルサイユ条約が調印され、第一次世界大戦が終結した。第一次世界大戦に日本が参戦してからの約一年間、第一艦隊司令長官を務めていた加藤友三郎はその戦功によって男爵を授けられ、華族となる。

第一次世界大戦は史上空前の犠牲者を出し、莫大な戦費は戦後の各国財政を圧迫した。そのため、戦後の世界は国際協調の雰囲気のもとで、戦争違法化体制を形成しようとする。第一次世界大戦までの二国間協定の積み重ねによる勢力均衡外交は大戦を抑止できなかった。そこで、アメリカ大統領のウッドロー・ウィルソンらが中心となって提唱したような、多数の国家が共同体的秩序のなかで相互の安全を保障し合う、集団安全保障の考え方が芽生えてくる。

ヴェルサイユ条約にその設立が盛り込まれた国際連盟は、ウィルソンの掲げた国際共同体の具現化であり、史上初の一般的国家連合組織であった。現在では、国際連盟は第二次世界大戦を抑止できなかったと否定的に評価されることが多い。だが、設立当初の国際連盟には、世界的に大きな期待が寄せられていた。

しかし、アメリカは上院の反対などによって、国際連盟には加盟しなかった。そのため、アメリカには、国際連盟にかわる安全保障の枠組みが必要となる。中国を中心とする東アジア地域には、パリ講和会議で決着していない問題も複数あった。こうして、環太平洋地域の懸案事項の解決と軍縮を話し合うワシントン会議が、一九二一年一一月から開催されることになる。アメリカが初めて主催した国際会議である。

一九二一年七月、アメリカよりワシントン会議への招請が、非公式ながら日本にもたらされる。原敬内閣はこれに応じ、会議参加への準備を開始する。会議に向けては外務省が準備を進め、軍縮問題については陸海軍がそれぞれ対応策を研究した。

特に、ワシントン会議における最も重要なテーマが海軍の軍縮であることは、疑問の余地がなかった。だが、日本は前年に八八艦隊予算を成立させたばかりであり、建造中の新鋭艦のなかには、戦艦陸奥（三万三八〇〇トン）など完成間近のものもあった。日本の海軍拡張が国際的に容認されるはずもない一方で、軍縮は海軍にとって、国防のためにも、感情的にも受け入れることが難しかった。

国際秩序のあり方が激変し、二国間交渉によって権益を確認し合う帝国主義的な外交は批判され、多国間による協調のもとで権益の制限などを話し合う、まったく新しい外交が始まろうとしていた。こうした急激な変化に、すぐに対応できた日本人は多くなかった。国際協調外交を担った代表的外交官と考えられる幣原喜重郎でさえ、国際連盟規約の成立をめぐり、外務次官として次のように述べている。「利害関係国相互の直接交渉によらず、こんな円卓会議で我が運命を決せられるのは迷惑至極だ。本条項は成るべく成立させたくない」[*1]。

ワシントン会議に出席する日本の全権は、まったく新しい外交の場で、国内的に非常に強い反発が予想される内容を話し合わなければならなかった。その全権となったのが、友三郎である。

友三郎が会議前、国際的な外交潮流の変化をどのように捉えていたのかは、史料がなく、はっきりとはわからない。ただし、第一次世界大戦中、アメリカ大統領のウィルソンが一九一八年一月に表明した一四ヵ条の原則のうち、友三郎は海軍次官の栃内曽次郎に対し、「ウィルソン十四ヶ条中海上自由問題は単に日本の立場として自由ならしむると然《しか》らざると其《その》利害如何《いかん》の問題を至急研究せしめられたし」と、公海自由航行の原則のみについてしか検討を指示していない[*2]。そのため、外交潮流の変化に対する関心は低かったと考えられる。

ワシントン会議の全権選出

友三郎を全権として強く推したのは、首相である原敬だった。「我国情としては文官に依《よ》りて軍備問題を決定し難」いと考えていたからであった[*3]。他に候補となっていた伊東巳代治《みよじ》について、「自分の立場のみを考えて、国家政府の利害を顧みざる様の事とならん」と述べていることから[*4]、原は友三郎を大局的な観点に立てる人物と認め、海相として海軍内部に対する指導力を発揮することも求めていたと言える。
原から一九二一年八月二四日に打診を受けた友三郎は、斎藤実を候補として推薦するなどして、全権となることに消極的であった。[*5] だが、原の強い要請により、元帥で海軍内に強い影響力を持っていた東郷平八郎や井上良馨に根回しを行い、その内諾をとりつけたうえで、友三郎は翌日八月二五日に原を再び訪ねて、全権就任を承諾する。[*6]
ただし、全権就任をめぐり、友三郎は三つの問題について、原と詳細に協議を交わした。
一つ目は、予算編成における海軍への配慮である。友三郎がワシントンに出張することになると、九月から本格化する予算編成作業に関われなくなる。そのため、友三郎は「十一年〔一九二二年〕度予算に付、海軍省は大に縮小せしめ（他省の如何に顧慮せず）、五億以上に上るべきを四億台に止むる事となしたれば、此上《このうえ》大蔵省に異論ありては進退問題なり」と原に述べ、[*7] 海軍予算の削減を防ごうとした。原は便宜をはかる旨を約束した。
二つ目は、友三郎が出張中に、誰がどのように海相の事務を執るのかである。友三郎は当初、東郷や井上と相談したうえで、「次官代理様の事にて相済まば最も好都合なれども、官制上不可なりとせば、軍事参議官〔中略〕の内より挙ぐるの外《ほか》なし」と、軍人から代理者を選ぼうとしていた。[*8]
しかし、原は文官でありながら、自身が兼任して海相の事務を処理することを提案する。原は、これを軍部統制の足掛かりにしたいと目論んでいた。
原の提案は統帥権の独立に抵触する可能性もあり、大きな反発が予想された。だが、最終的に友三郎は原の提案を受け入れ、原が海相事務管理として海相の事務を一部執ることを認める。

友三郎にとっても、原が海相事務管理となれば、他の海軍軍人が海相の代理として、自分の右腕である海軍次官の井出謙治の動きを制約するおそれがなくなる。海軍予算の削減にも一定の歯止めになるだろうとも考えていた。[*9]

海軍のなかでも、出張は数ヵ月程度であるから、友三郎が人事などの重要な問題をあらかじめ処理しておけば問題ないと考えられた。[*10]また、海軍内では海相事務を文官が取り扱うことの是非も検討され、可能という検討結果が出た。この点については、次章で詳述する。反発していた陸軍からも最終的には黙認がとりつけられたので、[*11]原の海相事務管理は実現する。

三つ目は、全権団内での友三郎の立ち位置である。

友三郎は当初、「英語も十分ならず、且《かつ》外交上には全く無知識なれば幣原を煩《わずら》わすの外《ほか》なし。故に幣原と表面は同等ならん事を望む」と主張した。[*12]だが、その後に「全権は自分は幣原のみとなし、他は専門委員となして可ならん」とも言い出す。[*13]

当時、重要な会議に軍人を全権として派遣することによって、国際的な非難を招く可能性があった。[*14]

また、「〔全権が〕海軍大臣であるが為め、当然主張しなければならぬ点をも主張し兼る場合も生じて、国家の上よりいうも不利益である」という指摘もあった。[*15]つまり、大局的な判断から妥協をしなければならない立場に就くと、海軍の組織利益を十分に主張できなくなることが懸念されたのだ。

だが、原は友三郎の主張に取り合わなかった。友三郎を全権とすることは、すでに元老の山県有朋や西園寺公望の承諾も得ている。[*16] 結局、友三郎は全権として会議に参加することになる。

友三郎のほかには、駐米大使の幣原喜重郎と、現地でレセプションをこなすために、貴族院議長の徳川家達《いえさと》も全権となった。そのほかに、幣原の体調不良により、のちに外交交渉を補佐するため、外務次官の埴原《はにはら》正直も全権となる。友三郎は全権のなかでも首席の地位にあり、現地において、友三郎の人格と力量が全権団内で一致して認められたという証言が多数残っている。[*17]

アメリカでの大きな変化

原内閣が一九二一年一〇月一四日に全権団に与えた訓令は以下の通りである。

今回の制限協定に際し、帝国の保有す可《べ》き海軍兵力としては、大体に於《おい》て予算の協賛を経て建造に着手中なる八八艦隊を標準とするも、米国又は英国と叙上《じょじょう》の趣旨に適合する割合を維持し、且《かつ》太平洋に於ける形勢に将来大なる変化を見ることなき限り、現に実行中の本計画を固執することとなく、情況に応じ之《これ》を低減するを辞せず[*18]

このように、出発前の段階で、八八艦隊の維持に固執せず、条約の成立を最優先することを希望

夕刊
東京朝日新聞
十月十五日

華府へ晴れの第一歩
加藤徳川兩全權の鹿島立
同門一族の美しい見送りに上機嫌
海相のフロック姿も意味あり氣だ

元氣な聲

全權列車に駈附けて
首相「御苦勞様です」

華府會議に出發
向つて左より徳川公、加藤大將、見送の米大使

徳川公

尻を追

一團華やか

圖太い姿

強い言葉

東京驛の警戒

鹿島丸出

實業團出發す

ワシントン会議に向かう全権団　左より徳川家達，フロックコート姿の友三郎，駐日アメリカ大使チャールズ・B・ウォレン（『東京朝日新聞』1921年10月16日発行の夕刊）

していた。

一〇月一五日、全権団は原らの見送りを受けながら、東京駅を出発する。出発の際に、友三郎はいつもの軍服ではなく、フロックコートを着用していた。あまりにも珍しかったからであろうか、当時の新聞では「海相のフロック姿も意味あり気だ」との見出しのもと、四段抜きの大きな写真を掲載している。*19

確認できる史料において、友三郎はワシントン会議の期間中、少なくとも公の場では背広やフロックコートを着用している。先述のように、軍人が全権であることへの批判もあったが、友三郎はこの頃から、海軍の立場のみで振る舞えないことを意識していたと思われる。友三郎は海相として会議に出席するのではなく、全権として出る覚悟を持っていた。

東京駅を出発した全権団は、その日のうちに横浜港から鹿島丸に乗船し、一一月二日にワシントンに到着した。以後、一九二二年二月まで、三ヵ月にわたり、会議が行われることになる。
出発前、副官の山梨勝之進は友三郎に、内外の新聞記者への応対について献言したが、友三郎は「自分には、記者諸君のご機嫌取りは性分上出来ない。私はこの点については諦めることに決心している」と答えた。[*20]
だが、友三郎はのちに、この船内のことを次のように述べている。

自分は元来会議等には不慣れなるが、日本を出るとき及《およ》び船中にて、「ポーツマス」日露媾《こう》和《わ》会議に於《お》ける「ウィッテ」の感想録を見て大に感ずる所あり。此《こ》の中にある「会議は米国内に於て開かる。然《しか》るに米国は輿《よ》論《ろん》の国なり。輿論は即《すなわ》ち新聞言説なり。故《ゆえ》に新聞記者の操縦は自国の利益なりと考え之を実行せり云々……」の記事を読みて大に考うる所ありたり。新聞輿論の重視すべきは予《かね》ては聞き及びしことなるも、先人がこれ程迄《まで》に苦心せしものとは思わざりき[*21]

友三郎は、鹿島丸に乗っていた二人のアメリカ人新聞記者からの質問に、積極的に応じる。[*22] 彼らはそれを無電でアメリカに報告し、アメリカの新聞でたびたび友三郎の発言が紹介された。のちにアメリカに到着してから、アメリカの政府・軍首脳が自分の船内での発言を新聞で確認していたことを知り、友三郎は自分の措置が適切であったことを知る。[*23]
船内ではほかに、アメリカ駐在武官の経験のある随員の野村吉三郎からも、いろいろと情報を仕入れたようだ。

全権の一人である幣原は、駐米大使としてすでにワシントンにいた。友三郎の副官が先行してワシントンに到着し、幣原のもとを訪れた際、幣原は友三郎へある要求を伝言する。すなわち、全権団がワシントンに着く際、アメリカ国務長官チャールズ・エヴァンズ・ヒューズらの出迎えがあり、歓迎の群衆も集まっているから、軍服ではなく平服を着用したうえで、群衆の歓声に対し、帽子をとって会釈してもらいたいというものであった。

友三郎は副官から幣原の伝言を聞いた際、非常に機嫌を悪くした。しかし、自身を外交の素人と認めているので、幣原の要求に応じた。日本大使館に到着した後、友三郎は真っ先に幣原に、「君が余計な注文をするから、平服を着て帽子を振ったが、もう君の注文は肯《き》かん。おれはあんなことは嫌いだ」と苦情を入れている。[*24]

友三郎は普段口数が少なく、家族の前以外で笑顔をみせることは珍しかった。飾ることも嫌っていたようである。愛想よく振る舞うことを強いられて、このときは余程不愉快に感じたのであろう。

アメリカでは、州によっては一八二〇年代から、白人のみだったが男子普通選挙が始まっていた。一九世紀末にアメリカに移住した、読み書きができない移民にも、選挙権は与えられている。決して豊かではない大衆が大統領を直接選び、大衆からの支持が国政に大きな影響を与える。幣原のアドヴァイスは、そうした大衆と世論の国アメリカにおける重要な立ち居振る舞いを伝授するものだった。アメリカの政治家は常に大衆を意識する。そのアメリカを相手にする日本の全権団も、アメ

ワシントン会議直前の日本全権大使３人　左から幣原喜重郎，友三郎，徳川家達

リカ国民を意識しなければならないと、幣原は友三郎に告げていた。

友三郎は幣原の要求に当初は不快感を露《あら》わにしていたが、その忠告の意図するところは理解していた。日本を出発したときから、先述したように、友三郎は明らかに意図的に新聞記者への応対をこなしていた。さらに、会議が始まってからは、友三郎による首席全権の内外記者会見が組織的に定時開催されるようになっていた。[25] ワシントンに到着した際の右の一幕は、軍人である友三郎にとってはカルチャー・ショックであっただろうが、友三郎は大衆が動かす政治の場に順応することに努めていた。

そのようにアメリカ世論にアプローチしようとする友三郎は、ワシントンに到着当初から「チャーミング・アドミラル」（愛らしい提督）と評判になり、幣原を驚かせている。[26]

また、日本国内の新聞は、加藤の姿勢を「従来の態度を改め」たとして、「新聞記者の事を第三《サード・》議会《コングレス》」とする国アメリカにおいて、新聞記者に応対することがいかに重要であるかを力説している。そうした新聞記者への積極的応対は日本の政治・外交に欠けているものとして、友三郎の態度を見習うことすら呼びかけられた。[*27] 日本の特派員のなかには、外国通信員が友三郎をフランスのジョルジュ・クレマンソーに匹敵する政治家と評価し、外国の新聞記者が友三郎に敬意を払って接していることを伝えている者もいる。[*28]

友三郎がそれまでの日本の外交団と大きく異なっていたのは、国際会議という場で新聞記者に代表されるメディアに積極的に応対したことである。

後年、ロンドン海軍軍縮会議に出席する途上でアメリカを訪れた浜口雄幸《おさち》内閣海相の財部彪は、アメリカの全権の一人である国務長官のヘンリー・スティムソンに関して述べた新聞記事について、「アメリカン・ピープル及コングレス〔議会〕が不満なるべし抔《など》と云えるは、直接法に海軍者が合点せざるべしと云いたらんには、却《かえ》って簡潔なるべきに思わしめたり」と日記に記している。[*29]

財部はアメリカにおいて、いかに大衆と議会の意向が重要であるのかを理解できておらず、アメリカ海軍が単に要求の隠れ蓑として国民の意向に言及しているに過ぎないと考えている。日記をみる限り、財部は外国の新聞記者とほとんど会っていない。会った場合も、招かれた場にたまたま同席していた際である。[*30]

こうした事例と比較すると、友三郎は、政治・外交の場における世論の存在と重要性に早くから気がついていたと言える。

原敬暗殺の一報

ワシントンに到着した直後、一一月四日に原が東京駅で暗殺されたとの凶報が全権団に入る。友三郎も絶句し、一時は悄然《しょうぜん》として「困った」と呟くばかりであった。[*31] 友三郎は「原総理は実にえらい傑物であった」と、原を高く評価していた。[*32]

ワシントンの日本大使館では、原の追悼会が急遽開催された。幣原、友三郎らが演説をしたが、その際に立憲政友会の横田千之助も原の言葉を次のように紹介している。「此《こ》の度《たび》の華府《かふ》〔ワシントン〕会議の企ては神が『ハーディング』大統領の頭に宿って之《これ》が開催の提議となったものなりと信ず。日本としても、どうしても会議を成功に終らしめねば相成らぬ大局に着眼して、邦家の為に更に世界人類の為に努力せられたし」。[*33] 原は洗礼を受けたクリスチャンだったが、[*34] 横田はそれまで原が「神」という言葉を口にするのをみたことがなかったため、印象に残ったとしてこのエピソードを紹介したと言う。

友三郎は出発前、原敬と綿密に打ち合わせをしていた。このエピソードを海軍の随員にわざわざ記録させたことを考えると、友三郎にとってもこの原の発言は意外だったと思われる。同時に、原のワシントン会議にかける想いを、友三郎はあらためて強く認識したのだろう。

友三郎は海相としての辞表を電報で送り、高橋是清内閣の成立に伴い、あらためて海相に留任した。

ワシントン会議　日本全権たちはＵ字テーブルの左隅にいる

ヒューズの「爆弾演説」

会議は公休日の都合で予定より一日だけ遅らせて、一一月一二日に開会する。

メモリアル・コンチネンタル・ホールで挙行された開会式において、アメリカ大統領ウォレン・ハーディングの演説のあと、議長に選出されたヒューズは、アメリカの提案を披露する。このヒューズの提案は、「爆弾演説」と呼ばれるものである。

ヒューズの提案の核心は、主力艦である戦艦の建造を一〇年間停止することと、主力艦の排水量で、英米日の保有量を五・五・三の比率で制限するという二点である。ヒューズの提案を会場中が驚きつつも賞賛した。だが、ヒューズの提案は、日本海軍の専門委員たちには衝撃と危機感を与えるものだった。

会議開幕直前の一〇月二五日、在英大使館付武官から、海軍随員の加藤寛治に対する電報で、アメリカの提案が主力艦の建造中止を盛り込んでいるという情報

開会の宣言をするハーディング米大統領，1921年11月12日

はすでに送られていた。その電報では、制限比率が未詳となっている。[*35]このため、日本側が衝撃を受けたのは、日本の保有量を英米の六割に制限しようとする部分であったことがわかる。

それまで、帝国国防方針の一部公表に踏み切った八代六郎や友三郎も、外交問題に発展しかねない仮想敵の存在については、一貫して公には否定してきた。[*36]だが、海軍内部では、すでに日露戦後の時期から、アメリカの七割程度の海軍力を保持しておく必要が認識されていた。[*37]

アメリカは五・五・三の比率を現有勢力から算出したと説明した。だが、その算出方法に日本側は異議を唱え、日本側の現有勢力の計算では約七割になると主張した。また、提示された廃艦リストのなかには、進水を終え、ほぼ完成していた戦艦陸奥が入っていることも、日本側には受け入れ難かった。海軍の専門委員のなかでも、特に加藤寛治は非常に強硬な反対姿勢を示し、対米七割で一歩も引かないと主張していた。

ここから、日米間で激しい応酬が一一月中旬から一二月上旬にかけて繰り広げられることになる。

全権としての妥協

アメリカ側の観察では、ヒューズの「爆弾演説」に対して、友三郎が正面を向いたまま微動だにしていなかったと記録されている。[38] だが、友三郎は内心で、「大変なことが始まれり」と考えていた。[39]

会議開幕当初から、友三郎は日本の全権として、対英米七割の比率を主張しているが、実際には六割でもやむを得ないと考えていた。同じく全権であった幣原が、「加藤全権は誰にもいわなかったが、初めから五・五・三で沢山《たくさん》だという肚《はら》を決めていたようである」と観測している。[40] 交渉をともにした幣原からみても、対米七割への固執はそれほど感じられなかった。

議長チャールズ・エヴァンズ・ヒューズ

英米に対して七割を主張はするものの、友三郎は開会式終了後、すぐに海軍次官の井出謙治に対して電報を打ち、「米国の果断なる海軍縮小提案に対し、英国賛同し、英米の一致を見るに至らば、日本は大体に於《おい》て之《これ》に賛成するは大局上止むを得ざる次第と認む。本案通過を見たる上、人事問題並《ならびに》対私立会社等の問題の解決、誠に困難なるものありと雖《いえ》ども、之等《これら》国内問題別に適当なる解決方法を見出すの外《ほか》なかるべし」と述べている。[*41] そのうえで妥協した場合に備え、造船業界をはじめとする国内産業への影響などに対して善後策を講じるよう早くも指示を出した。

二日後の一一月一四日、条約を締結したとしても善後策を講じることは可能であるという海軍省内の検討結果が送られてくる。[*42] 国内産業などの問題については対処可能という見通しのもと、友三郎は妥協のタイミングを計ることになる。

友三郎は会議前こそ、日本の新聞記者に、次のように述べている。

> 予《よ》は八八艦隊を完成せしめざる可《べか》らざる責任を有す。されば、予が心から熱心に海軍軍備縮小の意向を有すというは、是《これ》全く誤りなり。予が去る三月米国聯合通信社の通信員に答えて、外国さえ日本と同様の行動を為すことを承諾するなれば、日本も亦《また》八八艦隊を縮小せしむるに躊躇《ちゅうちょ》せずと言えるも、其後《そのご》未だ他の如何《いか》なる国も予が曽《かつ》て為したる如く海軍制限の具体案を提示せざる以上、其言葉も其場限りのものなり[*43]

つまり、友三郎は、日本のみが軍備を制限されることについては反対するつもりだった。

しかし、ヒューズの提案は主要海軍国が一斉に軍縮を行い、軍備に制限を課すものである。ヒューズの提案は、日本に起工中・建造中の新造主力艦七隻を廃棄することを求めるものだったが、アメリカも同様に一五隻を廃棄することを宣言している。友三郎が軍縮に反対する場面として事前に説明していたことは、杞憂となった。

友三郎は、海軍内部で研究の結果として提唱されていた七割という比率には、それほどこだわってはいなかった。ワシントン会議から帰国後のことだが、友三郎は帝国議会で次のように述べている。

海軍専門家は、即《すなわ》ち軍令部系統に属します者は、日本としてはどの位の比率を保って居ったならば安心が出来るであろうと云うことに付ましては、専門的に数年研究を致して居った。其《その》研究の結果を私が聞きますと云うと、多いのは八割くらい無くてはいけない、七割五分でも宜《よろし》い、又少いのになりますと六割でも宜い、六割五分でも宜いと云うようなる、人々に依《よ》っての意見があったのであります[*44]

友三郎は、対米比率は海軍内部ですらも意見に幅があることを主張していた。

対米七割の比率にこだわらなかった姿勢は、友三郎の識見を示すものとして語られがちである。だが、そうした姿勢は友三郎だけがとっていたものではない。例えば、友三郎の前任の海相である八代六郎も、この時期、「日本十隻英国十六隻若《も》しくは二十四隻米国十六隻とすれば妥当であろう」と新聞記者に語っていた[*45]。八代の主張で日本の対米比率を計算すると、六割二分五厘となる。

世論を測る

では、友三郎のみがすぐさま妥協に転じることができた理由とは、何であったのだろうか。

友三郎は開会式後に、『時事新報』の記者であった伊藤正徳に対し次のように語っている。「君、きょうの光景を何《ど》う思う。あの案は、米国全体の熱烈な支持を得ることが判った――。建造中の大艦を全部廃棄《スクラップ》するのも大変なことだが、しかし、僕は賛成する外《ほか》はないと思う。比率は別だが、主義としてあの軍縮には反対が出来まい」[*46]。

会場には各国の全権団だけでなく、アメリカの議員や新聞記者などが大勢つめかけていた。専門委員会は公開されないが、セレモニーである開会式において、前例なく公開されたアメリカ側の提案を、会場中のアメリカの議員や新聞記者が絶賛していた。

友三郎はその光景を目の当たりにし、アメリカの世論がヒューズの提案を支持する以上、ハーディング政権はヒューズの提案から譲歩することは絶対にできないことを悟ったのである。政治・外交の場で世論が持つ重要性を認識し始めていた友三郎だからこそ、妥協して、アメリカとのこれ以上の関係悪化を避けるしかないと、即座に判断できたと言える。

開会式でのヒューズの演説に対する会場の雰囲気から、友三郎はヒューズ提案に主義としては反対できないということを日本の全権団に伝えている[*47]。だが、友三郎以外の海軍の随員の多くは、アメリカの世論に支えられているハーディング政権の姿勢に対する友三郎の観測を共有できなかった。

海軍の随員は、アメリカの主張する六割という比率が交渉によって覆せるものだと考えていた。日本の対米七割という主張を通すため、加藤寛治は最初に七割五分を提案し、そこから対米七割に落とし込んでいく交渉戦術さえ提案している。

しかし、友三郎はそれに対して、「自分は之《これ》に掛値《かけね》があると思う〔中略〕斯《か》かる公開性の会議に於《お》いて、掛値をなすは自己の採らざる所なり」と即座に否定する。[*48]

友三郎は、ワシントン会議がアメリカ国民の強い関心を集めており、そうした会議でアメリカに過大な要求を突きつけるようなことをすれば、かえってアメリカ世論の反発を招いてしまうことを心配していた。

ヒューズはイギリス全権のアーサー・バルフォアに、「公正な海軍比率への同意を、日本が不当にも拒否したとアメリカ国民が感じたときには、彼らはどれほど大規模な海軍の建造を要請されても、それを認めるであろう」と話していた。[*49] 同じことは日英米三国の全権の話し合いのなかで、友三郎にも伝えられていたはずである。

これを単なる脅しとは、友三郎は考えなかった。友三郎は「若《も》し我主張を固執したるとき、英米同意せずして、之《これ》を公開の総会に於《お》て論議するの手段を採られたる場合には、米国輿論《よろん》は日本に対して如何《いか》なる態度に出たるべきや、茲《ここ》に贅弁《ぜいべん》を要せざるなり」と述べている。[*50]

海相としての見通し

友三郎は全権であると同時に、海相でもある。海相としては、海軍が十分な組織利益を獲得することができないと、海軍全体をまとめられないことも理解している。友三郎は、対米六割での妥協を覚悟したとき、どのように海軍をまとめていけると考えていたのであろうか。

日米での専門委員レベルでの交渉が大詰めを迎え、いよいよ友三郎が妥協を決断しなければならない時期となっていた一一月二八日、海軍次官の井出が友三郎に、首相である高橋是清と外交問題に関する審議機関である臨時外交調査会に、海軍から次のように申し入れたことを報告した。

> 海軍勢力比を七割以下に決せらるるも已《や》むを得ざるものと認む。斯《かく》の如き状勢に至りたる場合に於《おい》ては、海軍として益々《ますます》劣勢を以《もっ》て優勢に当る覚悟をなさざるべからず。従て今後海軍の内容の堅実を計る為、緊要なる諸設備を完整し、実質に於て七割以上の勢力を保持するに全力を傾注し、一朝有事の秋《とき》に処するの決心を有す。海軍の右の決心に対し、国家は挙げて共に極力奮励、之《これ》を遂行するを得さしむるの大方針を承認せられんことを切望す*51

ここにおいて海軍は、内閣に対して巡洋艦以下の制限外艦艇を充実させ、それによって総括的に対米七割を達成することを要求している。

この史料は、海軍の予算要求方法の転換を示す重要なものである。なぜならば、海軍が対米七割という論理でそれまで予算要求をしたことはなかったからである。友三郎は議会でも、「今日公言致し得べき仮想敵国と云うものはないのであります。是《これ》は在来から其《その》方針を執って居るのであります」と説明しており、[*52]仮想敵の存在を公には認めていない。そのため、アメリカを基準とした軍備整備という論理を、ワシントン会議以前の予算要求の際に海軍は使えなかった。

しかし、アメリカの提案によって、日本の軍備を整備する際には、アメリカを基準とした比率から保有量を算出することになる。海軍は対米七割という新たな予算要求の論理を、アメリカの提案によって手に入れたのだった。海軍はそれまで、八八艦隊で対応できないほどアメリカが海軍を拡張したらどうするのかという議会での質問に苦慮してきた。[*53]アメリカに合わせて海軍力を整備できるのであれば、より柔軟な対応が可能となる。

友三郎は、「米国に対抗して、彼が十を造れば我も十を造ると云《い》う方針を以《もっ》て、我国防方針を決定すると云う意思は毫《ごう》もありませぬ。又仮りにありとしても、実行することの出来ぬことは明かであります。斯《かく》の如きことは一の無法と考えて居る」と、アメリカとの建艦競争は財政上無謀であることを理解している。[*54]

主力艦と補助艦は艦隊のなかでそれぞれ役割を与えられて統合的に運用するため、通常は主力艦の保有量が定まれば、補助艦の保有量もそれに応じて定まる。つまり、主力艦の保有量が条約で制限されるのであれば、必然的にアメリカが補助艦を大量に建造することはなくなる。友三郎以下の海軍省首脳部は、アメリカとの間で建艦競争にならない範囲で、補助艦を多めに保有することで対米七割の状態を構築するという論理でもって、海軍を充実させていく見通しを立てることができたのである。

だからこそ、友三郎は主力艦対米六割での妥協も可能となる。海軍次官に就き、予算要求の論理に苦慮していたからこそ得られた見通しであった。次章で述べるが、ワシントン会議後、友三郎は補助艦などを整備する十分な補充予算を獲得し、海軍軍令部の不満を抑えていくことになる。[*55]

新たな予算編成については、海軍次官の井出に、「自分は急いで帰るわけに行かず。次官の考え通りに、遠慮なくどしどしやるべし」と、即座にとりかかるように指示している。[*56]

また、東京では井出が東郷平八郎・井上良馨の両元帥に、そして軍事参議官会議に根回しを行い、その状況を一二月一日、一〇日と逐一友三郎に報告している。[*57]

友三郎は対米七割を国民的な要望であると強調しながらも、廃棄艦リストに入っている陸奥を復活させ、太平洋における防備の現状維持を英米が約束すれば、ヒューズの提案を受け入れることを、一二月一日にバルフォアに、二日にヒューズにそれぞれ伝えた。[*58] 陸奥の復活は、そのためにアメリカ・イギリスも新規に戦艦を建造するオプションを保有することを条件として認められた。そして、一二月一一日に政府からの承認を得て、一二日に対米六割の比率を受諾する。

太平洋防備制限問題での煩悶

ただし、友三郎が対米六割の比率を受諾する条件の一つであった太平洋の防備制限問題は、会議の終盤まで友三郎を悩ますことになる。

この太平洋防備制限問題とは、日本が劣勢比率を受け入れるかわりに、太平洋の島嶼《とうしょ》に要塞などの軍事施設を建設しないことを定めるものであった。日本は第一次世界大戦の結果、赤道以北の南洋諸島を委任統治領として獲得しているが、規定により委任統治領には軍事施設を建設できない。そのため、例えばアメリカがグアムやフィリピンに軍事施設を建設すると、日本は軍事的に著しく不利となってしまう。

日米英の三ヵ国は、一二月一五日に仮協定を締結・公表するが、そのなかで、太平洋防備制限については、次のように記載されている。


香港を加えたる太平洋地帯に於《お》ける要塞及《および》海軍根拠地に関しては現状維持を保つことに協定せられたり。換言すれば此等《これら》の要塞及海軍根拠地に於《おい》て此の上拡張をなすことなし。但《ただ》し此の制限は布哇《ハワイ》諸島、濠州、新西蘭《ニュージーランド》及日本本土（ジャパンプロパー）をなす所の諸島又は勿論米国及加奈陀《カナダ》の沿岸に適用せられず。此等に関しては当該諸国は完全なる自由を保留す[*59]

この仮協定中の「ジャパンプロパー」（Japan proper）とは、日本の本土を構成する島嶼を意味していたが、その範囲は曖昧であった。友三郎は、曖昧としておくほうが日本の利益になるとして、あえてそのままとしていた。だが、友三郎の見通しは甘く、一二月末より条約文を起草する段階で、問題化することになる。[60]
仮協定中に香港の防備制限が明記されているにもかかわらず、日本の小笠原諸島や奄美大島が軍備制限の適用外であることを、イギリスは問題視した。一方、日本政府からは小笠原諸島と奄美大島を適用外とするよう指示が出ている。友三郎はタイミングを見計らって宣言すれば十分であると考えていたようである。[61]だが、アメリカとイギリスは条約本文に誤解のないように明記するべきであると主張していた。交渉は暗礁に乗り上げてしまった。
海軍随員の加藤寛治は、友三郎の交渉手法に不信感を抱き、日記に「彼共に事を為す能《あた》わざるの人物也」と記した。[62]海軍にとって、防備制限条項は劣勢比率を受け入れる条件であったので、そうした安全策を疎《おろそ》かにしたうえで、比率での妥協を優先した友三郎に不満を感じたのだ。
最終的に、幣原が病気をおして交渉に入ることで、妥協が成立した。友三郎は日本政府に妥協を勧め、友三郎を信頼するヒューズもアメリカ政府を説得した。その結果、ワシントン海軍軍縮条約第一九条に制限地域を個別に列挙することとなった。日本も千島列島、小笠原諸島、奄美大島、琉球諸島、台湾及び澎湖諸島での制限を受け入れることになる。

加藤寛治をたしなめる

海軍随員首席であった加藤寛治は、先述したように強硬に対米七割を主張した。そのあまりに非妥協的で強硬な姿勢は、交渉相手のアメリカだけでなく、日本の全権団内部でも問題視されていた。

全権の徳川家達は、新聞記者に「〔加藤寛治〕中将の声明は日本代表協議の結果ではない。又七割比率が日本の安全を保証する最少限度のものであると云う加藤中将の声明は、予の知れる限りに於《おい》ては、日本全権首席たる加藤〔友三郎〕男爵の同意を得たものでもなければ、又その考慮を経たものでもない」と述べている。*63 加藤寛治の意見は全権団内部でも浮き上がったものだった。

友三郎は予算要求の論理を苦心して構築してきた経験から、主力艦対米六割でも、そこに補助艦を含んだ総括としての対米七割という予算要求の見通しを得られた。だが、加藤寛治にはそうした経験がなかった。先述したように、ワシントン会議後、海軍内の対米七割論者たちも、友三郎の獲得した補充予算にある程度満足していたが、彼らは会議中にそれを見通すことはできなかった。

加藤寛治

加藤寛治は日記に「予《よ》は全権にあらず専門委員なり。故《ゆえ》に政治問題は予の範囲外なるのみならず、軍人として努めて之を避けざるべからず。而《し》かも予は率直に軍縮問題に関する所信を披瀝《ひれき》する事を得べし」と記している。*64 つまり、政治的な妥協を排して、純軍事的な主張を唱え続けることを、むしろ自分の役割と認識していた。

妥協の姿勢を一切みせずに強硬論を主張し続ける加藤寛治を、友三郎は「加藤〔寛治〕、お前ももう中将になったのだから、何時《いつ》までも若い者に尻を叩かれて旗ばかり振って居らずに、時によっては冷静沈着に物事を考えねばいかんよ」とたしなめた。[*65]

友三郎の加藤寛治に対するそのような発言は、加藤寛治の海軍随員首席という立場を尊重し、あくまでも加藤寛治に海軍随員の指導を担わせようとしているものと言えよう。加藤寛治は友三郎が海軍兵学校で砲術を教えていたときの教え子でもある。

友三郎は加藤寛治に期待し、部下としてかわいがってもいた。ワシントン会議前、まだ友三郎が全権となることが決まっていない時期、友三郎は島村速雄を全権とし、その補佐に加藤寛治をつけるつもりであった。「自信が強くて困る」島村を、[*66]加藤寛治なら十分に補佐できると考えていたようである。このあたりにも、友三郎の加藤寛治への強い期待がうかがわれる。

友三郎は、加藤寛治をたしなめつつ、全権団内部での加藤寛治の立場を守ろうともしている。全権の幣原に、「あれも自分の部下ではあるし、別に野心があるわけでもなく、日本の海軍を思って熱中しているのだから、昨夜も辛らかったけれども、黙って聞いていた。そのためひどい目に逢った」[*67]と、加藤寛治を擁護する発言をしている。友三郎はその日に吐血をしていたが、加藤寛治の意見を言下に否定することはせず、その主張に丁寧に耳を傾けていた。友三郎はアメリカから帰国後、斎藤実に対して「米国では死ぬかと思った」と言ったほど、[*68]実はワシントン会議中は体調が悪化していた。

友三郎と加藤寛治はしばしば対立していたものと語られるが、実際は、それほど不仲であったわけではない。

加藤寛治も友三郎の気遣いには後々まで恩を感じていた。「専門委員が切歯した時の如き、一日に二、三度、ひそかに私の部屋をうかがわれて私の様子を心配せられたということを、後で加藤〔友三郎〕さん自身が私に語られた」と述べている。[*69] 友三郎の死後、三年祭に加藤寛治が現れて、両者の仲が悪いと思っていた周囲は驚いたという話が加藤友三郎家に伝わっている。加藤寛治にとっては、対立することはあっても、友三郎は畏敬《いけい》すべき存在だった。

二人の加藤の違い

加藤寛治は他の海軍随員と同様、ワシントン会議が始まった当初は、世論というものを軽視していた。一一月二三日には海軍次官の井出は加藤寛治に、交渉の経過が迅速に海軍省に連絡されないことへの苦情を寄せている。[*70] 井出ら海軍省は新聞記者たちに交渉の経過を速やかに伝えようとしていた。加藤寛治と、友三郎や井出との間には、海軍の立場を有利にするような情報戦略について、意識の差があった。

だが、そうした井出の指摘で、加藤寛治も宣伝工作の重要性を認識するようになる。やり取りのあった時期は、専門委員での交渉が佳境に入っており、日本側が非常に不利な状況であった。そのため、加藤寛治は井出に対して、「帝国政府の強固なる決心と国民の輿論の後援と相俟《あいまっ》て、我全権の正当なる主張を支持せらるる様、適当の手段を執らるること」と要請している。[*71]

加藤寛治は後年、ヒューズが新聞記者にアメリカの立場を丁寧に説明し、世論をまとめることで、外交交渉を有利に進めていたことを、折に触れて賞賛するようになる。[*72]

ただし、加藤寛治と友三郎の世論に向き合う立場は全く異なるものだった。

一二月一二日の『時事新報』に掲載された伊藤正徳の記事を海軍省が問題視し、翌日に加藤寛治へ、現地にいる伊藤に注意するよう電報で指示した。それに対し、加藤寛治は、「同人は、当地に於《おい》ては七割問題及《および》太平洋諸島防備問題に関し、大に我が立場を弁護主張し、之《これ》を二三著名の米紙に記載し、多大の努力を為し、相当の効果ありたりと認む」と、海軍に都合のよい記事を書くことも多い伊藤を擁護し、むしろそうした記者を利用する必要性を海軍省に訴えている。[*73] 伊藤は自他ともに認める海軍拡張論者であり、ワシントン会議前には八八艦隊の必要性を訴え、ワシントン会議中は対米七割論を擁護する記事を多数執筆していた。[*74]

加藤寛治は、むしろ伊藤以外の新聞記者を、「記者連の国際思想多くは『コスモポリタン』の傾向多き為、往々我に不利益の場合を生ずるは遺憾とする所なり」と非難している。[*75] そこには、多様な視点で論じようとする新聞記者の姿勢が国益に背くという認識がある。つまり、新聞記者が海軍と異なる視座に立つことを非難し、世論全体が海軍の意見に従い、海軍のサポートに徹することを求めている。加藤寛治は、海軍外部の異論や主体性を認めていなかった。

友三郎も、宣伝工作を海軍省に実施させるなど、世論を指導して交渉の後押しにしようとはしていた。だが、予算要求の論理に苦心していたのは、そもそも議会や世論に海軍の主張を認めてもらわなければならないという前提に立っているからであり、海軍外部の権限や意見、主体性を認めていた。
ワシントン会議開催時に同地に滞在していた憲政会の衆議院議員である望月小太郎が、会議の開会直前に議会出席のため帰国する挨拶に友三郎のもとを訪れた際、友三郎が「君が帰朝したらば、議会で吾々《われわれ》のした事を論難攻撃するであろう。予《よ》は今試《ためし》に君の攻撃しようと考えて居る点をあて て見よう」として述べたことが、ことごとく望月の考えていたことであった。そのため、望月は非常に驚いたという[*76]。

こうした友三郎の逸話は多い。一見すると、自分への批判に先手を打って封殺しようとしているようだが、言われた方はそうとは捉えていない。むしろ、友三郎の思考の鋭利さとして語っている。友三郎には、他者の言論を封じるような考えはなく、単にシニカルであるがゆえの発言だったのだろう。

加藤寛治は世論を、海軍の主張を押し通すための単なる道具や手段としてしか捉えていなかった。そうした加藤寛治と友三郎とを比較すると、友三郎はなすべきことを信念として抱きながらも、異論の存在を認め、対話によってそれらとの間で理解を得ようという姿勢を持っていたと言える。それは議会政治のあり方そのものだった。友三郎が海軍軍人の枠を越え、政治家として立つ機は熟しつつあった。

四ヵ国条約、九ヵ国条約への調印

ワシントン会議の最中、全権間では大まかな役割分担があった。当初、友三郎は海軍軍縮とそれに付随した太平洋上の防備制限を、幣原は日英同盟の廃棄問題や極東問題をそれぞれ中心的に担うはずだった。

だが、幣原は腎臓結石によって、一一月から一二月上旬までは病床に臥していることが多く、友三郎は埴原ら外務省関係者を伴って、日英同盟の廃棄問題や極東問題に関する会議にも出席することが多かった。その時期は海軍軍縮の交渉が佳境であったため、ヒューズやバルフォアと頻繁に会い、三全権間でのコミュニケーションは極めて密であった。

日英同盟の廃棄問題については、アメリカが海軍軍縮条約の成立のために特に重視していた。日英同盟はアメリカを対象としていないが、同盟が存在する限り、アメリカ海軍は日英の海軍両方を相手とする規模を保有する必要があったからだ。他方、日本とイギリスもともに、この時期はすでに同盟を維持する積極的な理由を持ち合わせていなかった。[*77] そのため、海軍の軍縮でアメリカの対日強硬姿勢を少しでも緩和させるためにも、日英同盟継続の意思がないことを速やかに示す必要があった。

一一月二二日、友三郎は埴原を伴ってバルフォアのもとを訪れ、「日本政府の希望が該同盟存続にあるは前述の通なるが、新なる事態に照し、之《これ》を考慮するの要あるべきことも亦其《またその》諒解するに苦しまざる処《ところ》なるべきは、自分の確信する処なり」と、[*78] 議論の口火を切った。長年の同盟関係に配慮をしながらも、同盟の廃棄について水を向ける発言である。

だが、イギリスは日本が日英同盟の継続を望んでいると誤解していた。そのため、バルフォアが示した提案は、日英米三国による、日英同盟の継続ともみられかねないものであった。その後、幣原とその補佐の在米日本大使館参事官の佐分利《さぶり》貞男らが交渉し、[79]一二月一三日に太平洋上の現状維持と日英同盟の廃棄を定めた四ヵ国条約の調印に至る。

他方、極東問題とは、中国における列国の既得権の調整に関する諸問題である。

一一月一九日に開催された極東問題総委員会第二回会議において、幣原を除いた会議参加九ヵ国の全権の前で、友三郎は次のように述べている。「支那の如何《いか》なる地方に於《おい》ても、領土を拡張せんとする何等《なんら》の政策に依《よ》り、毫《ごう》も左右せらるる所無し。吾人《ごじん》は無条件無留保に『門戸開放機会均等』の原則を遵守す[80]」。ただ、この発言自体は友三郎の信念を表明したものとは言えない。中国における門戸開放と機会均等の原則を、日本やイギリスは会議前から受け入れるつもりで方針が定められていたに過ぎない[81]。

イギリス全権アーサー・バルフォア

友三郎は会議前、中国で公使館付武官を務め、海軍軍令部出仕となっていた、中国の事情に精通する八角《やすみ》三郎を帯同するよう勧められた際、次のように述べている。「支那の事は予《よ》も多年閣議に於《おい》て相当に聞いて知て居るが、幾ら聞いても判《わか》らぬのは支那である。併《しか》し此《こ》の判らぬと云《い》うことが即《すなわ》ち善く判って居るのだ。されば華府《かふ》会議で如何《いか》に支那の問題が起っても、予は少しも恐れる所はない」[*82]。つまり、中国を中心とした極東の複雑な権益と、その問題点の解消について、明確なヴィジョンを持っていたわけではない。そのため、この極東問題の処理は、基本的に外務省に委ねていた。中国問題について外務省に対応を委ねる姿勢は、友三郎が首相となってからもみられるものである。

中国での門戸開放と機会均等を規定した九ヵ国条約は、海軍軍縮条約（軍備制限条約）及び四ヵ国条約の追加協定とともに一九二二年二月六日に調印される。同日にワシントン会議は閉会した。

ちなみに、ワシントン会議中、全権としての友三郎は、各国代表や新聞記者にその発言が重みのあるものと評価された。それは友三郎の見識のゆえでもあるが、もう一つの理由があった。

友三郎はイギリスで暮らした経験もあり、ワシントンでは外交官からみても英語力は十分だった[*83]。だが、会議ではスタンフォード大学で教鞭をとっていた市橋倭《やまと》を常に傍らに置き、通訳させていた。交渉相手の発言時に大要を理解し、通訳が翻訳している間に発言内容を準備していたからだった[*84]。

次なる課題――海軍組織改革

海軍軍縮に関する日英米の大筋での合意が成立した後、対米六割での妥協が国内で問題化することを防ぐため、友三郎は事情を海軍次官の井出に書き送ることとした。加藤寛治同席のもと、随員の堀悌吉《ていきち》が口述筆記したその一部は本章でもみてきた。堀は、この伝言を携えて、一九二二年一月に一足早く帰国する。

伝言の大半は対米六割での妥協を余儀なくされた事情と、それでも条約を締結する必要を説明したものだった。そして、その伝言の最後に、友三郎は海軍の組織改革について言及していた。

友三郎は、「軍令部の処分案は是非共《とも》考うべし。本件は強く言い置く」と、その必要を強調した。そして、次のように述べていた。「文官大臣制度は早晩出現すべし。之《これ》に応ずる準備を為《な》し置くべし。英国流に近きものにすべし。之を要するに、思い切りて諸官衙《かんが》を縮小すべし」。[*85]

友三郎はワシントン会議において、加藤寛治を中心とした海軍の専門委員の純軍事的な主張に悩まされ続けていた。友三郎はワシントン会議中、海軍の随員に次のように述べ、広い視野で主張を組み立てることを求めた。

> 諸君の論議は、軍人専門としての所論では一応立派なもので、私も軍人出身であるから私には了解できる。しかし、全権委員同志の最高決定会議となると、外の連中は皆文官出身であるから、軍人同志の議論では、我が主張を納得させることはできない。そこで、所謂堅白同異《いわゆるけんぱくどうい》の論法により、外容を変貌し、奪胎換骨説得の工夫を要する[*86]

また、海軍の随員には、「明日みんな休暇をやるから、ピッツバーグに行って、そこの煙突の数を調べて来い」と述べ、[*87] アメリカの工業力を意識させようともした。

だが、海軍の随員の多くは、結局最後まで強硬な態度をとり続けた。友三郎は、専門家集団を妥協させることや、その主張を覆すことの難しさをいやというほど味わう。そうした軍事専門家集団をどのようにコントロールするのかが、友三郎にとってワシントン会議でみえてきた課題だった。

そのためには、単に海軍軍令部の権限縮小だけでは不十分だった。ワシントン会議で、世論が政治と外交を動かすことを目のあたりにし、それに順応した友三郎は、時代の潮流が政党政治であることをあらためて確信していた。そして、そうした時勢においては、軍部大臣武官専任制も維持することはできず、政党出身の文官大臣が登場する日も近いと感じた。友三郎の帰国後の海相としての課題は、海軍の組織を改革し、軍部大臣文官制を導入することを視野に入れたものとなる。

帰国後の友三郎

帰路においても、友三郎はやはり新聞記者の取材に応じている。そこで友三郎は、「華盛頓《ワシントン》会議の結果、世間の人は海軍を縮小せば莫大な金が浮いて来るように思って居るが、大間違いだ」と、補助艦建造予算獲得の布石を打つ。

ただ、同時に、条約に全権として署名した責任から、「対支政策に就《つい》ては、今迄《まで》のような独占的な考を棄《す》てて、投資と事業の拡張とで各国と自由競争をする外《ほか》はないが、〔中略〕扶助するとか補助するとか低利資金を貸付けるとかして企業を援助する事が必要であろう」と中国問題にも言及した。[*88] この発言は、海相の仕事の範囲を大きく越えている。ワシントン会議の全権を務め、視野と責任の大きく広がった友三郎には、海相の立場からのみで発言することはもはやできなかった。

ホノルルに寄港したのち、横浜に着くまでの友三郎は、自室にこもって書類仕事にいそしむ時間が多くなる。[*89] 帰国後、やるべきことは山積していた。

友三郎らを乗せた大洋丸は三月一〇日午後二時に横浜港に到着した。臨時列車に乗り換えた一行は、午後五時四四分に東京駅に到着する。横浜港では外相の内田康哉や先に帰国した徳川家達、海軍からは東郷平八郎と井上良馨をはじめとした高官が出迎えた。[*90] 東京駅には、首相の高橋是清をはじめとした閣僚に加え、島村速雄や女婿の隆義が集まっていた。[*91]

帰国時のモーニング姿の友三郎（右）（『東京日日新聞』1922年3月11日朝刊）

帰国した友三郎の姿を、新聞は次のように驚きとともに描写している。

まず、「物臭太郎の標本見たいな」友三郎が、『お世辞の国』へ使いしたおかげで、物臭いどころか、『ヤア、御機嫌好《よ》う』と肩を叩くだけの根気もある」ことを、記者は記している。[*92] 新聞記者、ひいては国民に対する友三郎の向き合い方は、アメリカ前後で大きく変わっていた。

また、帰国時のモーニング姿の友三郎を見た記者は、「大正十年〔一九二一年〕十月十日〔マヽ〕、米国に鹿島《かしま》立つ加藤さんを東京駅に見送った時に見た加藤さんの風采《ふうさい》——即《すなわ》ち村長様の年賀廻り見たいなフロックコート姿に比べて、天地霄壌《しょうじょう》程な相違である」と、友三郎の礼服の着こなしの変化に驚いている。[93] それは、単に着慣れるようになったからばかりではなく、軍服を脱ぎ、大所高所からの視野を必要とする仕事をこなしたことによる、成長と自信がもたらすものだったのだろう。

すでに友三郎がワシントンにあったときから、海軍次官の井出謙治らによって、海軍上層部には根回しが行われていた。彼らは、大任を果たして帰国した友三郎を歓迎する。水交社（海軍士官専用のクラブ）で開催されたパーティーの様子は、「井上〔良馨〕、山本〔権兵衛〕、東郷〔平八郎〕、島村〔速雄〕等の諸長老が加藤全権を囲みて歓談する光景は、宛《あたか》も初陣より帰り来りし愛児の功名話しを聞くの図に彷彿《ほうふつ》たるものありて、傍《はた》より之《これ》を見る人の涙を誘いたるものなり」と描写されている。[94]

軍事参議官となっていた島村は、ワシントン会議で調印された諸条約の枢密院での審議を見据え、枢密顧問官の都筑馨六《つづきけいろく》に、「加藤が右迄《まで》漕《こ》ぎ付けたる働《はたらき》は、小生は大に買ってやらなければならぬと存居候《ぞんじおりそうろう》」という書簡を送っている。[95] 同期の島村は自らの立場でできる友三郎への支援を模索していた。

一九二二年三月一六日、友三郎は参内し、摂政の皇太子裕仁にワシントン会議全権の復命を行った。皇太子は友三郎と晩餐をともにした。[96] また、貞明皇后は帰国した友三郎に酒などを届けさせるとともに、[97] 四月四日に参内した友三郎に、使用した筆と硯《すずり》を蒔絵《まきえ》の箱に入れて与え、友三郎を労《ねぎら》った。[98]

第5章　軍部大臣改革を目指す――帰国後、海相として

海軍機構の特徴

前章で述べたように、ワシントン会議において、純軍事的な要求に固執する加藤寛治らの意見に手を焼いた加藤友三郎は、海軍の軍令機関の改革を意識し始める。

海軍内は、大きく二つに分けられる。軍政を担当する海軍省と、軍令を担当する海軍軍令部（以下、本章では頻出のため軍令部と略記）である（図3）。

海軍省は海相をトップとする機関で、その中枢は海軍次官―軍務局長のラインである。友三郎が歩んできたのは、主にこのキャリアだ。第3章で述べたように、海軍に関する諸行政を担当する。

それに対して、軍令部は海軍軍令部長をトップとする機関で、海軍の作戦行動を扱う。

ただし、軍政・軍令両方に関係する事項は多いため、海軍省と軍令部の間では、一八九三年五月に、どの事務をどちらが担当するのかを規定した省部事務互渉規程が作られている。例えば、第八項「参謀将校の進退に関しては、海軍大臣上奏するに先《さきだ》ち、軍令部長に商議す」とあるように、各部隊の作戦行動に重要な役割を担う参謀将校の人事は、海相と軍令部長が協議をして決めることに

なっている。

海軍では伝統的に海相の権限が強かった。だが、海相と軍令部長はそれぞれ、天皇に直結しており、軍令部長の地位や発言権は決して軽視できたものでもない。省部事務互渉規程の第六項には、「艦船及《および》砲銃、弾薬、水雷並《ならび》に其属具《そのぞくぐ》の創備、改廃、修理の如き兵力の伸縮に関し、又経費に渉《わた》るものは、省部互《たがい》に意見を問議す」と定められており、ワシントン会議で争点となった軍艦など

図3　海軍省・海軍軍令部関係図
（1922年12月1日時点）

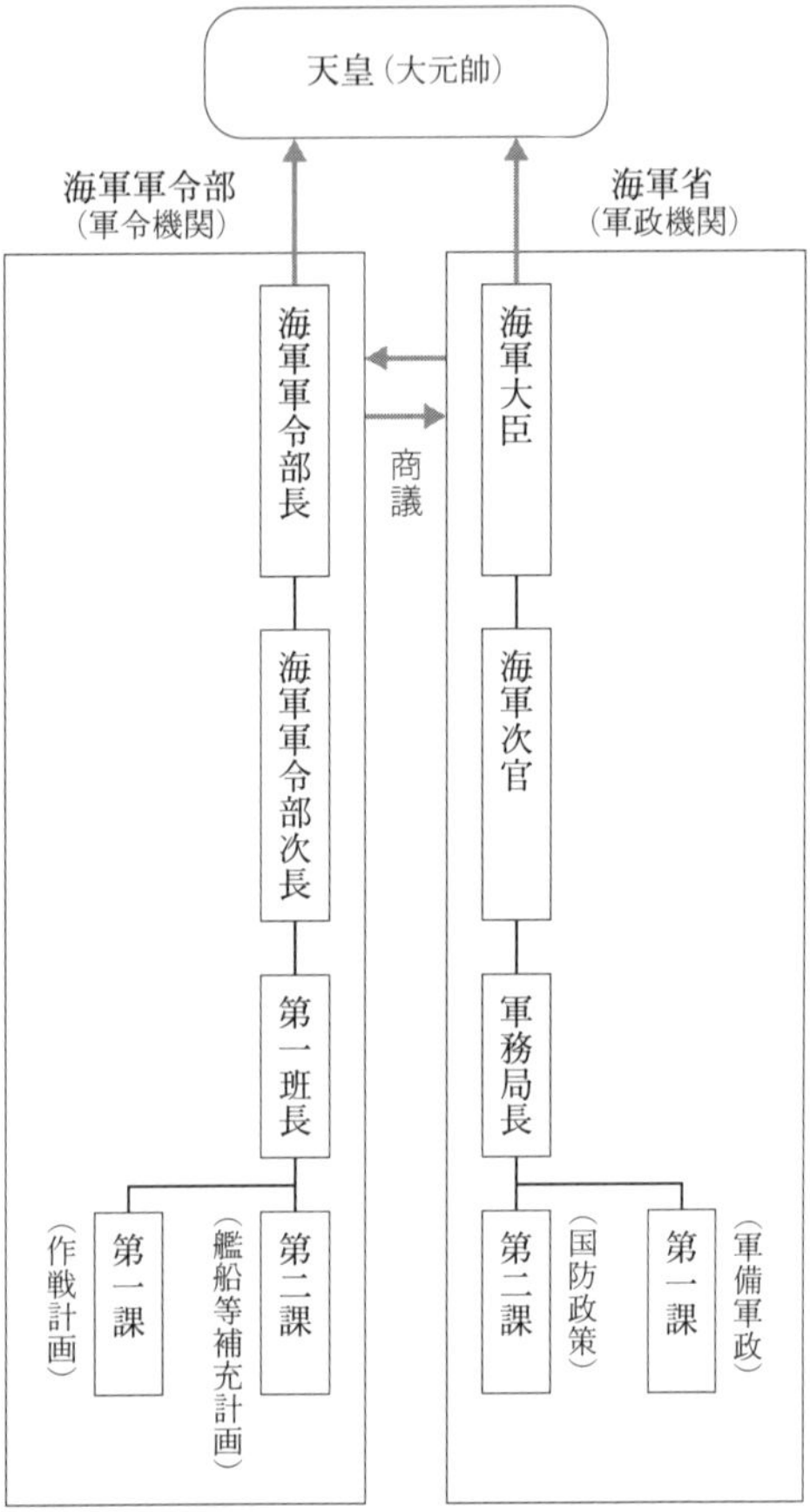

拙著『海軍将校たちの太平洋戦争』（吉川弘文館，2014年）16頁に加筆修正

の兵器の保有量や廃棄については、海相である友三郎といえど、軍令部の意見を無視して進められなかった。

前章でみたように友三郎は、「文官大臣制度は早晩出現すべし。之《これ》に応ずる準備を為《な》し置くべし。英国流に近きものにすべし。之を要するに、思い切りて諸官衙《かんが》を縮小すべし」と[*1]、イギリスをモデルにした海軍機構の改革を構想していた。実際、イギリスでは、海軍卿（First Lord of the Admiralty、海相とも訳される）の下に海軍本部（Admiralty、海軍省とも訳される）が置かれ、軍政と軍令が一元化されていた。

友三郎は、政党政治を時代の潮流と読んでいた。将来はイギリスのように、政党出身者が海相に就任すると予想していた。ワシントン会議においては、軍人である自分自身の手で海軍軍人による強硬な要求を抑えることができた。だが、政党出身の海相が、専門家集団である海軍、そのなかでも、海軍省とは別機関である軍令部の意見を抑えることができるのか、友三郎は不安に感じたに違いない。そのため、軍令部の権限を縮小し、政党出身の海相（軍部大臣文官制）の登場に備えなければならないと考えたのだ。

軍部大臣武官専任制

初めての本格的な政党内閣である原敬内閣でも、陸相は陸軍中将（のちに大将）の田中義一が、海相は友三郎が務めた。それは、軍部大臣は武官でなければならないという規程があったからだ。

一八七二年に陸軍省と海軍省が設置されてから、それらのトップ（陸海軍卿もしくは陸海軍大臣）の資格は、規程上は武官でなければならない時期と、文官でも務められる時期がそれぞれ存在していた。実際、初代海軍卿の勝安芳《かつやすよし》（海舟《かいしゅう》）は武官でない。

しかし、第二次山県有朋内閣は一九〇〇年に、陸海軍大臣は現役の武官でなければならないとする、いわゆる軍部大臣現役武官制を導入する。現役とは現に軍務に服している者のことで、現役を終えた者が予備役に、その後に後備役や退役になっていく。軍部大臣現役武官制とは、現役の大将・中将のみが陸海軍大臣に就く資格を有するという制度である。

この軍部大臣現役武官制は、軍の政治的影響力の源泉ともなっていた。現役の人事は陸海軍が決める。もし、軍が内閣に現役の軍人を大臣として推薦しないと、現役から大臣を得られず、内閣は成立しない。

山県は軍に倒閣の手段を与えたかったわけではなかったようだが、[*2]この軍部大臣現役武官制によって、第二次西園寺公望内閣は一九一二年に倒閣されていた。軍部大臣現役武官制への批判はそれ以後高まり、立憲政友会の協力のもとで成立した第一次山本権兵衛内閣によって、一九一三年にその規程は廃止される。

山本自身は、軍部大臣は武官、それも現役の武官が務めるのが望ましいと考えていた。[*3]だが、軍部大臣現役武官制を維持しては、政友会の協力は得られない。そのため現役規程を廃止し、予備・後備役でも陸海軍大臣を務められるように変更しつつ、文官の陸海軍大臣が登場することを防ごうとしていた。そのような、現役か否かかは問わないが、陸海軍大臣は武官でなければならないという規程を、軍部大臣武官専任制と呼ぶ。

友三郎は、この武官専任制が文官制になると予想していたばかりでなく、その実現に積極的でさえあった。

前章でみたように、ワシントン会議に友三郎が出席するにあたっては、原敬が海相事務管理を務めたが、その際、友三郎は「国務大臣の或《あ》るものに対し、特殊の階級に非《あ》らざれば任ぜらるるを得ざるが如《ごと》き制度は、時代錯誤の甚《はなはだ》しきものなり」と述べていた。[*4] 友三郎は軍部大臣武官専任制を、時代に合わないものと考えていたのである。

友三郎がそのような考えだったからこそ、原敬の海相事務管理は実現したと言える。友三郎のもとで、海軍はワシントン会議前の段階で、海相の代理者が文官の首相であっても、統帥事項である軍令にさえ「海軍大臣代理者が代りて副署するは、支障あることとなし」とした文書を作成していた。[*5] 統帥権の独立という慣行を否定するかのような文言である。

軍部大臣文官制の可能性を表明

海相事務管理は、原の暗殺後は高橋是清が引き継いだ。その間、海軍次官の井出謙治のもとで大きな問題は起きなかった。そのため、帝国議会からも、軍部大臣武官専任制を維持する必要はなく、軍部大臣文官制を導入するべきだとの主張が出てくる。

一九二一年の年末から始まる第四五回帝国議会では、海軍省官制を改正し、軍部大臣文官制の導入を求める質問や建議が複数出されている。例えば、一九二二年二月二日の衆議院本会議で、憲政会の野村嘉六《かろく》が「陸海軍大臣任命に関する官制改正に対する質問主意書」を提出している。[*6] 首相の高橋是清は、その建議に対して、「陸海軍大臣任命に関する官制は目下之《これ》を改正するの必要を認めず」とする答弁書を出した。[*7]

　高橋自身が軍部大臣文官制を認めないと考えていたわけではない。海相の友三郎が不在の状態で、事務管理としては踏み込んだ答弁ができなかっただけである。そのため、友三郎が帰国すると、軍部大臣文官制の導入に関する本格的な議論が始まる。

　アメリカから帰国した直後より、友三郎は議会で答弁に立っている。最も注目すべき答弁は、三月一八日に貴族院予算委員第四分科会で行われた、憲政会の江木翼《えぎたすく》との議論のなかでのものだろう。江木は海相事務管理が原・高橋のもとで円滑に実施できたことを理由に、「海軍の事は必ずしも専門家でなくとも仕事が出来ると云うような機運に、段々向って来て居る」と述べた。そして、「今日は此《この》専門家に非《あら》ざれば国務大臣に……海軍大臣たることを得ないと云う制度と云うものは、海軍大臣としては改正をしても宜《よろ》しい時機に達して居る、斯《こ》う御考えになって居ることではないかと信ずるのであります」と質問を投げかけた。

　それに対して友三郎は、「矢張《やは》り専門の知識を有《も》って居る者が海軍大臣たるが便宜である」としながらも、「今日の我国の状態は武官でなくちゃならぬ、海軍大臣は文官には出来ないと云うような極言は為し得ない」と答弁した。そのうえで、「帷幄《いあく》上奏とか、或《あるい》は官制改正と云うようなことを研究調査いたしまして、それで出来ると云うことになれば、文官大臣一向差支《さしつかえ》ないと思う」と、軍部大臣文官制が可能かどうかの調査を行い、実現可能であれば文官制を導入すると表明する。*8

友三郎のもとで、こうして海軍内で軍部大臣文官制の是非が検討されることになる。

海軍内での検討

ワシントンにおいて、友三郎から直接海軍機構改革の必要を力説され、一足早く帰国した堀悌吉は、軍務局第一課の課員として前述した野村嘉六の建議書に対する答弁書の作成に関わっている。その際に堀は、「国務中軍務に関するものは、其《そ》の所謂《いわゆる》軍令事項たると軍政事項たるとを問わず、等しく之《これ》に干与《かんよ》せざるを得ず。今武官に非《あら》ざる者が大臣たるに当り、軍令の承行が武官の職掌なるの故《ゆえ》を以《もっ》て之を顧みること無く、軍令関係以外の事項のみを管掌して、以て其の職を完《まっと》うせんと欲するも、其の能《あた》わざるは明なり」と記していた。*9

文官が海相となったところで、武官の管掌する軍令に文官が関われず、軍政事項のみを海相が担当することになっては、海相の職責を全うすることはできないとの指摘である。

先述したように、友三郎の考える海軍機構改革は、軍令部の権限を縮小し、文官の海相が専門家集団である武官の意見をコントロールすることを目指すものだった。軍令事項は武官のみが関われるという原則のもとで、文官の海相が軍令事項に関われないと、専門家集団である軍令部は統帥権の独立に立て籠もり、海相がコントロールすることはできない。そうした中途半端な状態で軍部大臣文官制を導入しても無意味である。友三郎の考えでは、軍令事項にまで文官の海相が関わり、十分な権限と権威でもって海軍をコントロールしていかなければならなかった。

友三郎配下の軍政系官僚は、文官が海相になるからといって、海相の権限の一部を軍令部に移して文官が携わることのできる範囲を狭めようとは考えていなかった。[*10]

だが、同時に、彼らは伝統的な海軍省優位の慣行に満足し、軍令部から予想される激烈な反発に向き合ってまで、海軍の機構改革を行おうとも考えていなかった。[*11]最大の課題は、文官が軍令事項に携わることができるとし、軍令部を文官の海相のもとに位置づけようとすると、「軍隊統帥の大令に関する現行制度を打破せざるべからず。而《しか》して之《こ》れ頗《すこぶ》る重大事にして、之が決行には尚《なお》慎重なる考慮を要すべきものなり」[*12]と、統帥権独立の改革という極めて大きな問題に発展することだった。友三郎配下の軍政系官僚たちにとっては、リスクに対するリターンが見合っていない改革にみえたであろう。

そもそも、軍部大臣文官制の導入が、海軍にとってどのようなメリットがあるかわかりづらい。友三郎は政党政治という時代の潮流のなかで、必要に迫られて軍部大臣文官制を導入しなければならないと考えていた。だが、友三郎配下の軍政系官僚たちは、そこまでの危機感を共有できていたわけではない。

ワシントン会議前に原敬の海相事務管理を受け入れる際には、首相である原が海相事務管理を務めれば、予算編成の際、海軍予算の削減を防止できると海軍は期待した。[*13] そうしたメリットがあったので、原は「海軍に於《おい》ては異議なきのみならず、寧《むし》ろ之《これ》を希望し居る次第なり」と観測していた。[*14]

こういった状況下、この時期の友三郎が、どのような論理で海軍内を説得しようとしていたのかを直接示す史料はない。唯一それをうかがわせる史料は、のちに海相となる財部彪の副官であった寺島健《けん》による一九二五年のときの回想である。

その回想では、元帥の井上良馨から「いつまで海軍大臣は文官にならずに済むか」と質問された際に、寺島は「加藤友三郎総理は議会の運用上文官大臣の方宜《よろ》しき点もある」と考えていたと述べている。[*15]

つまり、軍部大臣文官制のメリットとして、「議会の運用」を挙げている。政党内閣の時代においては、政党出身の海相が責任をもって作成した予算案は、所属する政党が衆議院で多数党である限り、大臣が武官であるときよりも遥かにスムーズに成立するというのである。

ただ、そのメリットは、当時の海軍のなかでは意識しにくいものだった。そもそも、軍縮体制下においては、八八艦隊のような膨大な予算を必要としない。そのうえ、ワシントン会議後の海軍は、友三郎の政治的手腕のもとで、すでに軍令部の希望する補助艦建造予算を確保していたからだ。

補助艦建造予算

表2で示したように、海軍の予算は一九二一年をピークに減少に転じている。特に、友三郎が海

表2　一般歳出予算額に占める海軍省所管経費予算額（円）（1906～1926年度）

年度	一般歳出予算額	海軍省所管経費	内経常部	内臨時部	歳出に占める海軍省予算（%）
1906	504,962,489	40,607,568	28,914,073	11,693,495	8.04
1907	635,889,890	82,482,219	33,414,695	49,067,524	12.97
1908	626,788,419	80,961,592	34,810,737	46,150,855	12.92
1909	520,479,979	72,189,245	35,323,172	36,866,077	13.87
1910	548,250,314	75,722,122	38,474,715	37,247,407	13.81
1911	573,996,997	87,005,920	40,746,338	46,259,582	15.16
1912	582,040,122	93,810,305	40,918,155	52,892,150	16.12
1913	594,416,770	97,357,379	42,236,215	55,121,164	16.38
1914	668,235,329	103,963,631	42,236,215	61,727,416	15.56
1915	750,678,857	106,084,181	43,510,681	62,573,500	14.13
1916	602,262,972	102,243,926	46,496,165	55,747,761	16.98
1917	780,170,435	118,916,052	49,848,720	69,067,332	15.24
1918	902,373,475	184,735,150	54,831,655	129,903,495	20.47
1919	1,064,190,340	249,548,192	60,886,938	188,661,254	23.45
1920	1,504,755,700	398,811,538	111,818,812	286,992,726	26.50
1921	1,591,286,786	502,124,975	144,872,911	357,252,064	31.55
1922	1,501,485,623	397,406,782	135,170,228	262,236,554	26.47
1923	1,389,353,690	278,692,422	125,183,959	153,508,463	20.06
1924	1,785,443,152	282,275,823	127,068,145	155,207,678	15.81
1925	1,580,462,010	227,366,084	122,349,150	105,016,934	14.39
1926	1,666,774,568	239,645,938	126,750,233	112,895,705	14.38

海軍歴史保存会編『日本海軍史　第7巻　機構　人事　予算決算　艦船　航空機　兵器』（同刊，1995年）116～122頁より作成

相を務めた一九二三年までは、毎年一億円以上の予算が削減されている。人件費などの経常費の減少がそこまで大きくなく、軍艦製造費を含む臨時費が大きく減少していることから、ワシントン海軍軍縮条約により、八八艦隊を放棄したことが影響しているのは間違いない。

だが、一九二〇年に海軍が獲得した、既存計画を八八艦隊計画に変更するための費用だけでも約七億六〇〇〇万円だった。[*16] それを考えると、ワシントン会議後の海軍が、単純に八八艦隊計画のために獲得した予算の全額を放棄したのではないことがわかる。

前章で述べたように、友三郎は補助艦の充実による対米七割を新たな目標に定めていた。

また、ワシントン会議後、軍令部長の山下源太郎、軍令部次長の加藤寛治のもとにあった軍令部を中心に、従来の対米作戦計画が見直されていく。主力艦で対米六割を強いられているため、不足分の一割をどのように補うのかという観点で検討が進められた。その結果、訓練による技能の向上と、[*17] 条約で制限されていない艦種の充実を海軍は追求する。[*18]

一九二三年には帝国国防方針も改定される。その用兵綱領のなかには、来航するアメリカ艦隊を補助艦によって減殺し、主力艦の勢力がほぼ均等になる日本近海で艦隊決戦を行うという、いわゆる漸減邀撃《ようげき》作戦が盛り込まれていた。[*19]

ワシントン会議後の状況に対応するため、海軍内では早くも一九二二年度から、艦艇整備計画の変更と予算の組み替えが行われた。主力艦である戦艦の保有量は制限されたが、巡洋艦以下の補助艦にはそうした制限は課されなかったので、海軍は補助艦の充実を目指すことになる。

そのため、海軍は戦艦建造予算で不要になる分だけではなく、戦艦建造予算そのものも組み替えて、巡洋艦を中心とした補助艦建造予算に流用している。一九二二年度の戦艦建造予算約一億円のうち、不用額は約二一五〇万円であったのに対し、約三四八〇万円が他の艦種（例えば、巡洋艦と駆逐艦にそれぞれ一四〇〇万円以上）の建造費に流用されている。

ワシントン海軍軍縮条約第一一条では、補助艦の基準排水量の上限を一万トンに定めていた。[*20] 八八艦隊計画では、八〇〇〇トン級の大型巡洋艦四隻と、五五〇〇トン級の中型巡洋艦八隻を建造する予定であり、すでに中型巡洋艦として那珂《なか》・川内《せんだい》・神通が建造されていた。

それをワシントン海軍軍縮条約に対応するため、まず中型巡洋艦の計画を建造済みの三隻に変更した。そのうえで、大型巡洋艦の基準排水量を一万トンとし、妙高・那智・足柄・羽黒の四隻を建造するよう変更する。さらに、七〇〇〇トン級の重巡洋艦として加古・古鷹・衣笠・青葉の建造も計画される。これによって、合計隻数は一二隻から一一隻に減少するが、総トン数は約七万六〇〇〇トンから八万四五〇〇トンと、大きく既存の計画を上回ることになる。ただし、費用は約八〇〇〇万円から一億七〇〇〇万円に倍増する。[*21]

巡洋艦の大型化は、戦艦の不足を補うために行われたものである。友三郎は軍令部の考える作戦計画を実現するため、必要な予算を海相として編成・獲得していった。後述するが、加藤友三郎内閣は政友会による支援を受けており、こうした予算案はスムーズに協賛を得ていく。[*22]

さらに、友三郎のもとで海軍は、造船能力の維持も模索していく。もともと、造船業界は第一次世界大戦後の不況で経営状態を悪化させており、それに軍縮の実施が追い打ちをかけることとなった。[*23] その状況を緩和し、少しでも民間造船所の建造能力を維持するため、海軍は重巡洋艦四隻を、神戸川崎造船所と三菱長崎造船所にそれぞれ二隻ずつ発注する。また、各地の要港部の工廠から、横須賀・呉・佐世保の主力三工廠に生産を集中させ、建造能力の維持を図った。[*24]

軍部大臣文官制の後退

軍部大臣文官制という海軍内部、特に軍令部が強く反発しやすい制度の導入を友三郎が主張していても、軍令部が求める海軍充実の予算を一定程度確保できていたことで、友三郎は海軍内部での対立を回避できていた。

ただ、対立回避だけでは、軍部大臣文官制への支持を得ることはできない。

友三郎死去後のこととなるが、一九二四年二月に、それまでの研究をまとめて軍令部が作成した「武官大臣制撤廃に関聯《かんれん》し制度改正の綱領」には、「現在陸海軍大臣は一面軍政長官たると同時に、国家の統帥権に属する軍令承行の任に当れり。之《こ》れ陸海軍大臣が武官特有の資格を有するが故に、始めて可能の事に属す。故に武官大臣制撤廃せらるるときは、軍令伝達を明かに軍令部総長の任とすること絶対に必要なり」とある。[*25]

先にも触れたように、軍令部は長年、軍令事項であっても重要なものを一部海相が担っており、海軍内が海軍省優位の状態になっていることに不満を抱いていた。一九一五年に軍令部次長の佐藤鉄太郎が軍令部の権限拡大を主張した際には、友三郎の不興を買って、海軍大学校長に左遷されたと言われている。[*26] 通常一、二年程度しか務めない海軍大学校長を、佐藤は四年以上務めることになる。

友三郎は加藤寛治や鈴木貫太郎など、意見を直接自分に訴える者には寛容であったが、友三郎の与《あずか》り知らないところで画策しようとする者には容赦がなかった。海軍内でも抜きんでた戦略理論家として知られた佐藤鉄太郎は、次章でみるが、中将で予備役に編入される。友三郎の不興を買ったことが原因であったと考えられている。

さて、海軍省との権限関係に不満のある軍令部は、軍部大臣文官制が導入されることを口実に、海相の扱う重要な軍令事項を軍令部に移管させることで、権限の拡大を図ろうとしていた。具体的には、軍令部は編制や人事、検閲といった事項の移管を求めていた。

長年にわたって権限の拡大を求めていた軍令部は、そうした重要な権限が移管されるのであれば、軍部大臣文官制を認める可能性もあった。ただ、それは友三郎が求めていたような、軍令部の権限を縮小し、文官の海相が海軍をコントロールする体制とは程遠いものだった。重要な軍令事項の大半が軍令部に移管されてしまえば、海相に文官が就いたとしても、専門家集団としての権威と権限を強化してしまった軍令部をコントロールすることは難しい。

同じく一九二四年には、海軍省において軍制調査会が「海軍省組織に対する軍政調〔ママ〕査会試案概要」という文書を作成している。そこでは、海軍軍事長官という役職を軍務局と政務局の上に置き、それを軍令部長が兼務するかたちで、軍令部長を海相の下に位置付けようとしている。[*27] それは、友三郎が構想したイギリスの体制に近いものである。

ただ、その案は理由は不明だが、実行に移されなかった。おそらく、軍令部の強い反発を招いたと考えられる。なぜならば、統帥権の独立という慣行に抵触することは明らかだったからだ。

いずれにせよ、海軍省と軍令部の双方で、軍部大臣文官制への移行を前提とした機構改革について検討が行われたのは、やはり友三郎の指導力があったからと言える。だが、それらの海軍内での検討の結果、軍部大臣文官制については、問題点のほうが、かえって強く意識されることになっていく。

友三郎が一九二二年三月に議会で軍部大臣文官制の導入について言及してから約一年後の二三年二月二三日、貴族院予算委員会で再び江木翼の質問を受けて、友三郎は次のように答弁している。

何人《なんぴと》が大臣となって来られるとも、差支《さしつかえ》ないように組織を変えて来なくちゃならぬと云《い》うので、此点《このてん》に付ても攻究《こうきゅう》を致しました。〔中略〕海軍側から申しまするとと、若《も》し此現在の官制の上に文官の大臣が来られて、各種の事を実行する上に於《お》いて遺憾なく円満に行くと云うのには、どう云う組織が一番良いか、今の儘《まま》で長く責任を取ってやられると云うことは、議論は別として実際御困難であろうと思う。〔中略〕斯様《かよう》な訳でありまするからして、主義の問題にあらずして、実行上に於て円満に行くと云う方法さえ立てば、私は官制を改正して差支ないと

思う[*28]

ここでの友三郎は、海軍内で友三郎が思い描いたような改革案が立案されない状況をほのめかしたうえで、軍部大臣文官制を主義としては認めていることを、かろうじて述べているに過ぎない。

以上のように、ワシントン海軍軍縮条約を海軍に受け入れさせたほどの政治手腕と指導力を持った友三郎でさえも、軍部大臣文官制を海軍に導入することはできなかった。その要因には、海軍内でメリットが十分に意識されていなかったことや、海軍省内で危機感や必要性が浸透していなかったことなどが挙げられる。

だが、最大の要因は、友三郎が海軍の問題のみに専念できなくなったためと言えよう。なぜならば、友三郎が首相に就任したからである。

第6章　内閣総理大臣としての一年二ヵ月

首相抜擢の経緯

高橋是清内閣は、内閣の改造をめぐる閣内及び立憲政友会内部の対立で、一九二二年六月六日に総辞職する。高橋らは、閣内不一致を解消するために総辞職を選択し、大命が再降下することを期待していた。

もともと高橋が首相に就いたのは、原敬内閣の蔵相であり、ワシントン会議直前に、全権団もワシントンに到着している状況で、政府方針を変えるのが望ましくないからという理由に過ぎない。そのため、政友会の混乱をみて、首相推薦の役目を担う元老とその周辺では、高橋への大命再降下は選択肢になかった。

高橋内閣の成立時、大正天皇は実質的に組閣を命じることはできていなかったが、それでも形式的には大正天皇が命じたことになっている。[*1] 皇太子裕仁は高橋内閣成立直後の一九二一年一一月二五日に摂政となった。つまり、高橋内閣の後継首相は、摂政裕仁が行う初めての組閣の大命を受けることになる。

元老として長期にわたり強い政治的影響力を発揮していた山県有朋は、すでに一九二二年二月に死去している。山県のいない後継首相の奏請も初めてのことである。

異例ずくめの状況であるため、元老である内大臣の松方正義と宮相の牧野伸顕《のぶあき》は、後継首相について、相談の範囲と調整に苦慮する。

まず、後継首相について意見をきく範囲は、もう一人の元老である西園寺公望のほか、枢密院議長の清浦奎吾と首相経験者の山本権兵衛とすることで意見が一致した。[*2] ただし、西園寺は病気で倒れてしまい、後継首相の議論には加われなかった。

そして、後継首相の第一候補を海相の加藤友三郎とすることでも、両者の意見は一致した。ただし、友三郎が固辞した場合には、「憲政の常道」として、野党第一党の憲政会総裁である加藤高明を後継とすることも話し合っている。[*3]

友三郎が候補となった理由は、日露戦争時に連合艦隊参謀長として評判がよかったこと、ワシントン会議の全権としてその人物が政界で高く評価されていたことがあげられる。[*4] もともと、原敬が暗殺された際、「加藤（海相）でも居れば間に合う」と報道されるほど、[*5] 友三郎の評価は政界において高かった。

また、海相である友三郎が首相となって海相を兼任することで、ワシントン会議での取り決めがスムーズに履行されるだろうという見通しもあった。これについては、佐世保鎮守府司令長官の財部彪がその旨を新聞記者の質問に答えている。[*6] 当時の最重要課題である条約の履行を友三郎に期待する声は海軍内外ともに存在していた。

六月九日の午前中に霞関離宮（現国会前庭の南庭）で、松方は摂政裕仁に次期首相として友三郎を奏請する方針を示した。離宮を退室した松方は、すぐに三田の私邸に友三郎の来訪を求め、推薦の事情を説明した。

ところが、友三郎は健康上の不安があることと、「一介の武弁に過ぎざる者到底大政変〔弁カ〕理の重任に耐えざる」ことを理由として、固辞した。松方は困難な時局であることを説いて友三郎に再考を促す。無下に断ることもできず、友三郎は熟慮する猶予を願い、正午に松方邸を辞去した。[*7]

友三郎は当初、組閣には消極的であった。友三郎は「自分〔中略〕の周囲には助け呉《く》れる政治家一人もなく、夫《そ》れが第一困る問題だ」と述べている。[*8] 友三郎には、首相となる野心も準備もなかった。

前章でみたように、友三郎は時代の潮流を政党内閣であるとみたうえで、政党内閣のもとで海軍がどのように変わるべきか、そのなかでも海軍の組織利益をどのように確保するかという二つの課題のバランスをとりながら、軍部大臣文官制の導入と補助艦整備予算の獲得を推進していた。第3章でみたように、海軍の組織利益の実現のためには、議会で政友会が安定した勢力を保持することを求めていたことから、友三郎は自身の構想を政友会のもとで実現することを大前提としていたと言える。友三郎は、自分が首相となることを想定していなかったと考えてよい。

友三郎の名前が第一候補としてあがり、その友三郎が組閣に消極的であることに、焦ったのは政友会である。友三郎が固辞すれば、政権は野党である憲政会にわたるからだ。政友会の幹部は入れ代わり立ち代わり、友三郎の説得を試みている。[*9]

友三郎も、「わが国目下の政界において、その中心勢力となり、時局を収拾し得るものは、政友会をおいて他にない」と、[*10]政友会の支援を受けずに、自身の構想を実現することはできないと考えていた。

友三郎は立憲同志会を与党とする第二次大隈重信内閣で海相を務めたが、わずか一年二ヵ月ほどで内閣は総辞職したし、内閣改造で加藤高明とは入れ違いであった。寺内正毅内閣以降、友三郎にとって憲政会は常に野党であり、海相としての友三郎は政友会とともに歩んできた。友三郎は、憲政会政権のもとで、自身の構想を実現する道をイメージできなかったのだろう。

結局、政友会は憲政会内閣の組閣を阻止するため、党員が一名も入閣しなくとも、無条件に加藤友三郎内閣を援助することを約束した。[*11]友三郎も政友会の協力のもとで、自身の構想を実現するため、自ら内閣を組織する決心をする。

加藤友三郎内閣の組閣

六月一一日午前一〇時半、友三郎は松方正義を訪問し、大命拝受の決心を告げた。この日は日曜日だったが、松方は午後一時に摂政裕仁のもとを訪れ、友三郎を後継首相として奏薦する。それにより、午後一時二〇分頃に東宮侍従長の入江為守《ためもり》が海相官邸を訪れて、友三郎に参内するよう伝達する。午後一時半に霞関離宮に参内した友三郎は、そこで摂政裕仁より組閣を命じられる。[*12] このとき、二人の間でどのようなやり取りがなされたのかについては記録がないが、組閣を命じられた者は通常、閣僚名簿の提出まで暫時の猶予を請い、退出することになっている。

友三郎は、海相官邸を組閣本部として、組閣に着手した。閣僚の選定にあたって、友三郎は当初は政友会からの入閣者、特に床次竹二郎《とこなみ》の留任（床次は高橋是清内閣の内相）を望んだようである。だが、床次は将来、内閣と政友会との板挟みとなることを懸念した。[*13] 結局、内相には貴族院議員で朝鮮総督府政務総監の水野錬太郎が就く。友三郎に協力しつつ、成立経緯からしても近い将来すぐに政党内閣が復活すると考えられたので、閣僚を出して加藤友三郎内閣と共倒れになることを政友会は避けようとしたのではないかと考えられる。

組閣にあたっては、床次と水野が参謀を務めた。[*14] 海軍省副官の坂野常善《つねよし》に閣僚候補者への電話をかけさせ、警視総監を務めることになる内務省土木局長の堀田貢《みつぐ》が海相官邸を最初に訪れた。最後の訪問者の農商務相となる荒井賢太郎が辞去したのが午後八時三〇分である。[*15] 組閣は極めてスムーズに進んだと言える。翌一二日の午後一時五〇分に親任式が行われ、加藤友三郎内閣が成立した。海相は友三郎が兼任した。友三郎は首相となるに及んで、特に現役に列せられる沙汰を摂政裕仁より受けている。当時、予備役でも海相に就くことはできたが、その前例はなかった。友三郎にとっては海軍内に強い指導力を発揮するためには現役のままであることが望ましかったし、それを周囲も期待した。

加藤友三郎内閣の面々　右より内田康哉外相，山梨半造陸相，鎌田栄吉文相，水野錬太郎内相，大木遠吉鉄相，前田利定逓相，市来乙彦蔵相（『東京朝日新聞』1922年12月28日夕刊）

政友会からの入閣者が得られず、閣僚は貴族院の研究会・交友倶楽部の各会派から選定した。政友会からは無条件での支援の約束をとりつけているので、貴族院とのパイプを強固にできれば、議会対策としても悪い手ではない。研究会からは大木遠吉《えんきち》（鉄相）・前田利定（逓相）・荒井賢太郎（農商相）・市来乙彦（蔵相）が、交友倶楽部からは水野錬太郎（内相）・岡野敬次郎（法相）・鎌田栄吉（文相）がそれぞれ入閣した。

当時の新聞では、こうした加藤友三郎内閣を、「超然内閣」や「官僚内閣」と批判した。友三郎の首相就任そのものを、「現代に於《お》て政党に関係なき官僚や軍閥が、起て超然内閣を組織するという事は殆《ほとん》ど過去の夢で、現代人は如何《いか》にしても之《これ》に承服は出来ない」とする。[*16]時代の潮流としての政党政治に対する逆行と評価された。

だが、友三郎も、政党政治が本来のあり方と認識している。政党政治に海軍を適応させていく準備を継続するために、やむなく首相となったのであり、政権も政友会の支持を受けたものだった。友三郎はいずれは政党内閣が復活することを念頭に、諸政策を実施していくことになる。

ちなみに、各閣僚候補に組閣交渉をした六月一一日、午後六時半頃からの来訪者には、夕飯をとりながらの対応となったらしい。築地の精養軒から料理が取り寄せられ、喜代子夫人の料理とともに食卓に並べられた。旧広島藩主の浅野家からも灘の清酒が差し入れられ、来訪者や海軍関係者（次官、秘書官、副官）にも振る舞われた。南青山の自宅から、身重ながらお祝いに子どもたちを連れて海相官邸を訪れた一人娘の喜美子は、子どもが寝てしまったので、別室で赤飯を食べた。友三郎も、この日は上機嫌で、集まった人たちと夜遅くまで酒を飲んだようだ。[*17]

床次竹二郎

水野錬太郎

山本権兵衛との関係

さて、先述したように、友三郎を首相として推薦する際に、山本権兵衛も意見をきかれている。友三郎の組閣時、山本がどのように動いていたのかをみたうえで、友三郎と山本との関係について考えてみたい。

元老の松方正義と宮相の牧野伸顕との間で、後継首相について清浦奎吾と山本権兵衛から意見をきくことが決まり、松方は山本に六月七日朝の来邸を求める。しかし、山本は相談に応じる立場にはないとして、葉山の別荘に行ってしまった。そこで、清浦が山本権兵衛を葉山に訪ね、首相候補として友三郎はどうかと意見を求めた[*18]。

そのときの山本の言動について、清浦は牧野に次のように伝えている。「加藤男〔友三郎〕には余り好意を有せず、其《その》人物伎〔技〕量を十分認めざるが如《ごと》し。然《しか》し老侯〔松方〕の考とあれば躊躇《ちゅうちょ》せず初志を貫徹するに努むる方可然《しかるべし》」[*19]。友三郎の人物と力量を評価していないが、松方が強いて友三郎にしたいのであれば止めはしないという、かなり素っ気ない態度である。

先述したように、山本は友三郎を海相にまで引き立てた人物である。折に触れて友三郎の政治的技量を絶賛していたので、清浦への発言は訝《いぶか》しい。

友三郎が首相就任を承諾するかどうかで慌ただしい動きのあった六月一〇日、松方の意を受けて葉山を訪れた二男の松方正作が山本に帰京を促した。それに対して、山本は「愈《いよいよ》加藤男辞退し紛糾せるときは自ら出京、努力を惜まざるべし」と答えている。[20]

つまり、山本は友三郎が首相就任を固辞する可能性が高いと考えていた。友三郎を翻意させて政権成立の功労者となるか、もしくは自分が政権を担うかして混乱を収拾し、政治的な存在感をアピールしようと考えていたようである。そうなると、友三郎の力量について低く評価した清浦への発言も、友三郎が受けないであろうことを伝え、友三郎を御せる人物としての自分を暗に売り込んだものと解釈できよう。

実際、友三郎への大命降下の政治過程のなかで、山本の担ぎ出しを目指す薩派の動きもあった。[21]友三郎のことをよく知る海軍軍人たちも、友三郎が固辞するであろうと予想していたのだ。[22]

先述したように、八代六郎の後を継いで海相となった友三郎は、薩摩閥の影響力を排除する八代の方針を継承していた。そうした薩摩閥に対する冷遇と、友三郎が東郷平八郎との良好な関係の構築を優先したため、友三郎と山本との間には距離が生じていた。加えて、海相となり、ワシントン会議に全権として出席し、急速に政治的な視野を広げていた友三郎の動向を、山本は捉えきれていなかった。

友三郎は海相となってからも、「山本伯は恩人也、斎藤〔実〕大将の次官として四年勤めたるも、予は別に〔斎藤〕大将は恩人とは思わず」と述べ、[23]自分を引き立ててくれた山本に恩義を感じていた。

だが、それと海軍の改革については分けて考えていた。組閣時に東郷平八郎が山本の女婿の財部彪を海相として推挙した際、友三郎は「先のシーメンス事件の余焔《よえん》の尚《なお》不可なるものあり」と述べて、自ら海相を兼任した。友三郎のこの決意に、同席した島村速雄や軍令部長の山下源太郎も賛意を示している。[*24] 実際、財部が海相になると、軍縮に伴う川崎造船所（社長は薩摩出身の松方幸次郎）などへの補償問題で、公明さを欠くと指摘する新聞ものちに出てくる。[*25]

友三郎は、シーメンス事件から一〇年近く経っても汚職事件に敏感であった。政党内閣の時代、世論のもつ政治的意味が年々重みを増しているからこそ、より敏感になったとも言える。そして、山本や薩派が海軍の行動として政治的策動をすることを好まず、極力彼らを重要なポストに就けずに、海軍を政党政治の時代に順応させることを目指しながら、首相として政治課題を処理していく。

内閣の施政方針発表

加藤友三郎内閣は、成立から間もない一九二二年六月一五日、外交方針と施政方針を発表した。[*26]

まず、外交方針は、「国際連盟規約並《ならび》に華府《かふ》会議諸条約及《および》決議の規定及精神に基き、各国と協力して列国間の親交を増進すると共に、着々軍備の縮小を実現し、人類の艱苦《かんく》負担を軽減せんことを期するに在《あ》り」と、ワシントン会議の全権としてワシントン会議の結果の着実な履行を声明した。そのため、「華府会議に於《おい》て、特に支那問題に付《つき》増進せられたる国際協力の精神は、帝国の対支根本政策とする所なり」とも声明している。

また、寺内正毅内閣のもと、一九一八年八月から出兵していたシベリアよりの撤兵問題の解決についても言及した。

後述するが、友三郎はシベリアからの撤兵や、軍縮の履行を実現する。

内政については、「内に在《あ》りては庶政改善の急を要するもの二三にして止まらず。殊《こと》に社会的問題に至りては、時勢の進運に鑑み、慎重の講究を遂げ、適当なる方策を定めざる可《べ》からず」と、時代の変化から改革を実施しなければならない問題が複数あることに触れた。友三郎は、それを「慎重の講究」のもと、漸進的に実現していこうとする。

シベリアからの撤兵

まず、加藤友三郎内閣が最初に手を付けたのが、シベリアからの撤兵であった。

一九一七年のロシア革命をきっかけに、一八年に寺内正毅内閣のもとで、シベリア干渉戦争が始まった。寺内の後を襲った首相の原敬はシベリアへの出兵をコントロールしながら、陸軍を政治的に包摂していこうとするが、*27 出兵そのものは原敬内閣下でも継続した。

原内閣が成立した一九一八年九月末段階で、日本軍を主力とする干渉軍はバイカル湖以東の東部シベリアを占領していた。しかし、一九二〇年四月に、出兵の理由としていたチェコ軍団が撤退したことから、アメリカは撤兵した。こうして、最終的には日本のみが出兵を継続することになる。

一九二〇年三月の尼港《にこう》事件（ニコラエフスクで起きた抗日パルチザンによる邦人襲撃事件）後、報復として原内閣は薩哈嗹《サガレン》州派遣軍を編成し、八月上旬に北樺太を占領する。

出兵の大義名分が消滅するなか、原も六月にはザバイカル州とハルビン西方からの引き揚げを決定し、八月末までに終えた。ハバロフスクからも一二月に撤兵を開始するが、ウラジヴォストークを中心とした沿海州と北樺太は依然として占領下に置いた。

ワシントン会議の開催が決定した時点でシベリアへの出兵を継続しているのは日本だけであった。国際的な非難のもと、日本はワシントン会議において、条件が整えば撤兵することを約束する。ただし、ワシントン会議の全権である幣原喜重郎や、原内閣から政権を引き継ぐ高橋是清内閣も、沿海州からの撤兵に代償を求めて交渉は進まなかった。[*28]

こうした路線を一挙に転換したのが、組閣後間もない加藤友三郎内閣だった。友三郎は、条件を整えてからの撤兵という従来の方針を覆し、撤兵の時期を先に明示する。内閣発足直後の一九二二年六月二三日の閣議で、秋までのシベリアからの撤兵を決定し、翌日に政府声明として発表した。[*29]尼港事件の補償問題で北樺太からの撤兵は一九二五年までずれ込むが、浦潮《ウラジオ》派遣軍の沿海州からの撤兵は、宣言通りに四ヵ月後の一九二二年一〇月二五日に完了する。

友三郎は、ロシアでの内戦がソヴィエト政権の勝利に終わるとの見通しのもと、国内外で盛り上がる撤兵論にもとづき、[*30]歴代内閣がためらったシベリアからの撤兵を断行した。[*31]

軍縮の遂行

ワシントン海軍軍縮条約を履行し、主力艦を削減しつつも、友三郎のもとで海軍は補助艦を充実させたことは前章で述べた。ただ、それでも八八艦隊と全く同じ人員規模を維持することはできなかった。

友三郎の人員整理の方針は以下のようなものである。

跡始末中第一は人事問題なり。これは思い切りて淘汰するの必要あるべし。今回の如《ごと》き臨時の出来事の為に淘汰の止むを得ざるものに対しては、応分の一時金給与の途《みち》を啓《ひら》きたし。〔中略〕淘汰するにしても、配員上多少の困難ありとするも、成るべく上級者を多く淘汰し、下級者を多く残したし[*32]

友三郎はこの方針により、将官クラスの大規模な人員整理を行う。一九二二年一〇月の海軍進級会議の結果、加藤定吉・名和又八郎・山屋他人《たにん》の三名の海軍大将が予備役編入となった。また、海軍中将では佐藤鉄太郎や山路一善《かずよし》をはじめとした一七名が、予備役編入となる[*33]。

こうした大々的な人員整理を決定した進級会議において、東郷平八郎や軍令部長の山下源太郎は終始沈黙でとおしていた[*34]。友三郎の事前の説得があったものと考えられる。

また、友三郎は下級者を多く残したいという方針だったが、それでも大規模な人員整理は避けられなかった。一九二五年一一月に外相の幣原喜重郎からシカゴ領事館に「本邦軍縮状況回報の件」という文書が発出されている。それによると、整理人員は士官九一六人、特務・准士官四一四人、下士官兵一万七九一人の計一万二一二一人となっている。[*35] ただし、軍縮による整理人員の正確な数値は確定が困難であることが指摘されている。[*36]

海軍兵学校の入校生徒数も、一九一九年の三〇〇人をピークに減少し、二二年八月入校の第五三期の生徒数は五一人だった。[*37] なお、一九二〇年代前半に兵学校の定員を極端に絞ったことが、のちにアジア・太平洋戦争中の佐官級将校の不足を招くことになる。

また、加藤友三郎内閣では、陸相山梨半造のもとで、陸軍の軍縮も実施される。一九二二年八月の第一次と、二三年四月の第二次の二期にわたる整理の結果、五個師団に相当する将兵約六万人が削減された。

ただし、兵員数を削減する際、四中隊で編成される大隊を三中隊で編成することで兵員減を図り、師団数の削減には踏み込まなかった。このことが、野党の憲政会や世論から強く批判されることになる。師団数を維持すれば、将来的には師団内部の編制を変更し、再軍拡が可能だからだ。[*38]

陸軍は予算を削減した余剰費用による軍の近代化を希望していたが、右のような批判のもと、余剰費用の大部分は国庫返納を強いられた。一九二三年九月の関東大震災後は、復興予算確保のため、そうした軍の近代化予算はさらに確保できなくなる。そのため、陸軍のなかにも不満は募り、のちの加藤高明内閣における宇垣軍縮につながっていくことになる。

一九二三年四月、皇太子裕仁の台湾行啓が実施される。大正天皇は皇太子時代の一九〇七年一〇月に韓国を訪問しており[*39]、台湾行啓についても希望していたが[*40]、即位とその後の体調不良により、実現しなかった。皇太子裕仁は日本の皇太子として初めて、台湾を訪れることになる。

皇太子の台湾行啓を強く希望したのは、原敬内閣のもとで文官として初めて台湾総督となった田《でん》健治郎である。田は皇太子のヨーロッパ訪問の帰途に台湾に立ち寄ることを希望していたが、実現しなかった。そこで皇太子のヨーロッパ訪問から一年後、一九二二年九月一九日に、田は首相である友三郎に面会し、皇太子の台湾行啓の実現を希望していると伝えた[*41]。

その後、一一～一二月に田と友三郎・宮内省との間で交渉が行われ、一九二三年四月に台湾を行啓することが決まった[*42]。そこから、行啓に向けて宮内省と送迎を担当する海軍との間で準備が進められることになる。皇太子の行啓はヨーロッパに引き続いて、台湾も友三郎によって手配されることになった。

準備を主導したのは宮内省と台湾総督であった。両者が作成した日程案は一九二三年一月三〇日に海軍省にもたらされている[*43]。北白川宮成久《きたしらかわのみやなるひさ》がパリ郊外で交通事故死したために、出発が一週間延期されることになるが、ほぼその日程案通りに行啓が実施されている。海軍は現地の気候などについて、データを提供しながら行啓の準備に協力した[*44]。

ちなみに、その準備の際、海軍省と宮内省との間の連絡役を務めたのは、友三郎の女婿である船越隆義である。隆義は一九二二年一二月一日付で、海兵同期の及川古志郎《こしろう》と交代し東宮武官となり、先任の犬塚太郎とともに準備にあたった。行啓の際も、供奉員《ぐぶいん》として随行している。[*45]
皇太子は一九二三年四月一二日、友三郎らに見送られて東京駅を出発し、横須賀から戦艦金剛（二万七五〇〇トン）に乗艦した。[*46] 第二艦隊の護衛のもとで台湾に向かう。台湾各地を視察し、五月一日、友三郎らの迎える東京駅に帰ることとなる。[*47]

第四六回帝国議会と陪審法

友三郎が首相として臨んだ最初で最後の議会となる第四六回帝国議会は、波瀾の少ない議会だった。与党政友会は衆議院で絶対多数を確保しているうえ、加藤友三郎内閣が貴族院の研究会・交友倶楽部から多数の閣僚を登用していたからである。内閣は野党憲政会の内閣不信任案を否決させ、予算や関連法案を原案通りに成立させた。政府提出法案も大部分を成立させる。

そうしたなかで、特に貴族院で執拗《しつよう》な反対演説のあったのが、原敬内閣以来の懸案だった陪審法である。

国民を司法に参加させる陪審法は原敬が推進していた。だが、枢密院と貴族院の一部が司法権の独立を侵すとして強硬に反対する。原の構想に理解を示す司法官僚の平沼騏一郎《きいちろう》は、臨時法制審議会のなかで影響力を強め、同審議会で陪審制度の導入は認められていく。[*48] 枢密院でも、政府当局者と法案審査委員長の伊東巳代治との長い交渉の結果、[*49] 一九二二年二月二七日の枢密院本会議で認められる。こうして、高橋是清内閣は第四五回帝国議会に陪審法案を提出するが、衆議院は通過したものの、貴族院で反政友会系の議員が議事の引き延ばしをはかり、審議未了のまま廃案となった。原・高橋両内閣で法相を務めた大木遠吉は加藤友三郎内閣でも鉄相として閣内にあり、新たに法相となった岡野敬次郎も陪審制度の実現を目指していた。さらに、法制局参事官として陪審法案の起草と修正を担った馬場鍈一《えいいち》は、加藤友三郎内閣の法制局長官となっている。加藤友三郎内閣もまた、陪審法の実現に積極的であった。

近代日本においては、実のところ、陪審制は導入されても結局定着しなかった。だが、陪審制導入の歴史的意義は、政党がイニシアティブをとって推進し、実現したことにある。[*50] 友三郎は、政友会を中心とした陪審制度を推進する勢力の意向を尊重して、第四六回帝国議会に陪審法を提出した。

友三郎は、一九二三年一月二三日に貴族院本会議にて、首相として施政方針演説に臨んだ。友三郎はまず、組閣以来のシベリア撤兵や軍縮の実施といった業績について説明した。そのうえで友三郎は、次のように内閣の施政は慎重な検討と準備のもとで、漸進主義をとることを訴えている。友三郎は、時代の潮流から日本という国家の様々な部分が変わらなければならないと認識しつつ、段階を踏んで進めることも意識していた。

我国現在に於《お》ける諸般の制度施設を観《み》まするのに、早晩釐革《りかく》を要しまするものが少なくないのであります。併《しか》しながら是等《これら》の改革は、国家永遠の福利を理想と致し、而《し》かも現在の制度組織を基礎として之《これ》を為すべきものであろうと思うのであります。国情を顧みずして、急激なる改廃を為すが如《ごと》きことは、最も慎むべきことではないかと思うのでありまして、総《すべ》てに亙《わた》り漸《ぜん》を追い、改善の歩を進めて行くべきものであろうと考えるのでございます[*51]

さらに、友三郎は選挙法改正問題のために調査会を設けていること、社会政策についても、社会局を新設していること（一九二〇年に内務省に設置され、二二年に外局となっている）などの事例を挙げて説明している。

そのうえで、陪審法案についてだけは、「時勢の変遷と人文の発達とを察しまして、陪審法案の如《ごと》きものも、之《これ》を今期議会に提出するの考を持って居る次第でございます」と述べた[*52]。友三郎にとって、陪審制度はすでに導入の機が熟しており、政友会が導入を目指している以上、時代の潮流として後押しすべきものであった。

陪審法案が貴族院で可決される三月二一日、反対演説に立った憲政会の若槻《わかつき》礼次郎は、昼食を挟みつつ行った長時間の反対演説のなかで、「死せる孔明生ける仲達《ちゅうたつ》を走らすと云う言葉がありますが、今日は死せる原総理大臣が生ける加藤内閣をして唯《ただ》無意識に、是《これ》は前々総理大臣の発案せられたものであるから、之《これ》を出さぬと云うと御機嫌が悪いと云うて、唯出されただけで、何等其《なんらその》他に大なる理由も無いのであります」と[*53]、友三郎の主体性に疑問を投げかけた。

だが、友三郎の施政方針演説をみる限り、その批判はあたらないだろう。国民の支持を得た政党が導入を目指すからこそ、友三郎はその必要性と意義を認めていたと言える。

選挙法の改正に向けて

先述したように、友三郎は特に内政諸問題について漸進的な改革を目指した。そのなかで、加藤友三郎内閣で先鞭をつけた重要課題が選挙法改革である。

原敬内閣のもとで一九一九年に選挙権の納税資格は一〇円から三円に引き下げられ、新たに選挙権を付与された層からの票と、新たに導入した小選挙区制によって、政友会は一九二〇年の第一四回衆議院総選挙で大勝を収めた。ただ、原以下の政友会は、普通選挙の導入には消極的であった。政友会を与党としながらも、友三郎は政友会の路線から外れ、選挙法改革に積極的だった。それは、ここまでみてきたように、友三郎が時代の潮流を見定めた結果と言える。普選運動はすでに大きな盛り上がりをみせていた。

友三郎は組閣後、八月二日の地方長官会議での訓示のなかで、「普選は早晩実行せねばならぬ問題として取りあつかって居る。只《ただ》問題は其《その》内容を如何《いか》にし、如何なる時機に実行するかの点である。政府も十分に研究するつもりである」と述べている。[*54]

友三郎のこの発言の歴史的意義は、極めて大きい。友三郎は前内閣までの普選時期尚早論を排して、首相として公的な場で初めて普通選挙の速やかな実現の必要性を述べたからだ。

選挙を管掌する内務省内でも原内閣以来の選挙権再拡張の声が高まっていたが、内相は政友会に近い水野錬太郎である。友三郎の選挙法改革を支えたのは、水野ではなく法相の岡野敬次郎であった[*55]。

岡野は東京帝国大学法学部の教授であり、専門は商法である。書記官長の宮田光雄や法制局長官の馬場鍈一は、岡野の教え子にあたる。一九〇八年一二月から貴族院議員となり、交友倶楽部に属している。政友会とは関係が深かったが、独自の立場を保っていた。

友三郎は深い学識を有し、率直かつ頻繁に閣内の重要政策に意見を述べる岡野を信頼するようになっていた。岡野は「恰《あたか》も加藤首相の最高相談役たると同時に、閣僚の顧問たるが如き観を呈した」とも言われている[*56]。

友三郎は、普選の漸進的実施に向けて、水野と岡野に貴衆両院の意向を探らせ、その準備にあたらせた。水野は政友会の意向によって、普選は時期尚早の立場をとらざるを得なかった。だが、岡野は「普選案が政界の暗礁《あんしょう》と見做《みな》され、其《その》解決は政党内閣に待つことの困難であって、是非現内閣の手中に待つべき理由あること、国家内外の大勢は同案の解決を急とし、政友会の鼻息のみ窺《うかが》い難きこと」を述べて、閣内で対立する。それを、友三郎が収めつつ、一九二二年一〇月二〇日に衆議院議員選挙法調査会の設置に漕ぎつける[*57]。

新聞各社は、普選を即断行せず、調査会の設置にとどめた内閣に批判的であった[*58]。衆議院議員選挙法調査会が一九二三年六月一九日に出した答申は選挙資格に「独立の生計を営む者」とし、それを地方税の納付状況から判断しようとしていることから[*59]、必ずしも納税資格の撤廃を目指していたものとも言えなかった。

その後、衆議院議員選挙法調査会の答申を受けて、友三郎は衆議院議員選挙法の改正を臨時法制審議会に諮問する。そこでの議論によって、「独立の生計」の条件付きでの普選か、無条件での普選かに争点が整理されていく。結局、友三郎は病死によって、普選の断行を最後まで見届けることはできなかったが、議論は後継の第二次山本権兵衛内閣に引き継がれていく。[*60]

男子普通選挙を盛り込んだ衆議院議員選挙法の改正案は加藤友三郎・第二次山本権兵衛・清浦奎吾の三内閣で準備され、加藤高明内閣によって実施される。その点で、友三郎ら三代の非政党内閣と、その後の政党内閣との差はなかったことも指摘されている。[*61]

たしかに、普通選挙制度の成立史において、加藤友三郎内閣は普選の方針を決定できたわけではなかったが、友三郎は世論の大勢を看取し、普選の実現に至る政治過程の歯車を動かした存在として位置付けられる。

ソ連との国交調整

友三郎はシベリアからの撤兵を実現させた。だが、シベリア問題の最終的な解決には、ソ連との国交調整が必要である。

寺内正毅内閣では内相・外相を務め、東京市長となった後藤新平は、シベリアからの撤兵交渉で長春に来ていたソ連の外交代表アドルフ・ヨッフェを個人の資格で日本に招き、日ソ両政府が交渉に入る糸口を作り出そうと考えた。

後藤は、この件について、事前に首相である友三郎から諒解をとりつけておこうと考えていた。だが、寺内内閣の閣僚として友三郎に接していたことのある後藤は、友三郎が軍人であるために、ソ連との国交調整には反対するとみていた。たしかに、第3章で述べたように、友三郎には造船所や軍需工場での争議から、労働者階級の台頭を憂慮していた時期もあり、共産主義国家への不信があった。

一九二二年一一月、胃腸の不調のため友三郎は湯河原の天野屋旅館に逗留していた。その友三郎のもとを後藤は朝から訪れ、約三時間半にわたって自説を滔々《とうとう》と語った。その間、友三郎は黙ってそれを聞いていた。後藤が「総理、あなたの意見はどうですか」と問うと、友三郎は笑いながら「私は賛成です」と述べるだけだった。友三郎はのちに次のように語っている。「はじめから解っているんだ。国交回復は当然なので議論も意見も聞く必要はない。唯《ただ》俺は総理だから俺が先からそういうことをはっきりいい切ったら外務省がまとまらんから黙っているだけで、あたりまえのことをいっているだけだ」[62]。

友三郎が諒解した理由として、海軍がソ連との国交正常化によって、北樺太の油田開発に期待していたことも指摘されている[63]。たしかに、海軍はシベリア干渉戦争の勃発当初から、一貫して北樺太の油田権益の確保を画策していた[64]。

だが、右の発言から、首相に就いた友三郎は、大所高所から日本がとるべき針路を見定め、官僚機構がその道を円滑に進んでいくよう、常に考慮していたと考えるべきだろう。閣僚として一時期日常的に付き合いのあった後藤が友三郎の変化を意外に思うのは、友三郎が海軍の組織利益とは異なる行動指針で物事を判断していると感じたからこそである。

友三郎はヨッフェ招致に賛成しただけでなく、外務省を非公式に交渉に参加させてもよいとまで述べた。のちに友三郎が後藤に、「此《この》交渉は露国承認問題迄《まで》進んでもよいから宜《よ》ろしく頼む」と言ったことが新聞でも取り上げられている。*65

後藤は積極的に工作を進め、一九二三年二月にヨッフェは来日する。内務省と外務省にはヨッフェとの交渉に批判的な空気も強かったが、それでも日ソ間の予備交渉は七月末まで続けられた。関東大震災や、第二次山本権兵衛内閣と清浦奎吾内閣の消極姿勢によって、外交交渉は一時期停滞するが、加藤高明内閣のもとで、一九二五年一月に締結された日ソ基本条約によって日ソ間の国交が成立する。

対中不干渉政策

第4章で述べたように、友三郎は対中政策について必ずしも明確なヴィジョンを持っていたわけではない。だが、九ヵ国条約に調印した責任上、それに反するような行動もとろうとはしなかった。加藤友三郎内閣で外相を務める内田康哉は、この時期、対中不干渉政策をとっていた。友三郎もこの内田の外交政策を支持する。

当時、中国では日本が対華二一ヵ条要求で租借権を延長した旅順・大連の回収運動が盛り上がっていた。内田は一九二三年三月一四日、中国からの旅順・大連の接収の申し入れを拒否する。[66] そうした旅順・大連の回収運動を受けて、中国各地で日中間の衝突も起きていた。[67]

加藤友三郎内閣期、外相の内田のもとで、「対支文化事業」を推進する。中国人の対日留学の奨励や、東亜同文会による中国での教育がその柱だった。だが、これについては、日本に都合のよい教育が行われ、中国本位ではないと、日中間での摩擦が絶えなかった。中国側は日本の政府要人と精力的に会見するも、主張が友三郎らに受け入れられないとして、憤慨していた。[68]

このように、友三郎は内田の方針に従って、日中間での対立に対症療法的にしか対処できていなかったが、その対中不干渉政策を固持しようとした。

一九二三年四月二六日、朝鮮総督の斎藤実は、第一次奉直戦争後の不安定な中国東北部の情勢に対処するため、次のように内閣に提案した。

支那の現況に鑑みるに、此際《このさい》満洲に於《おい》て、猥《みだ》りに軍事行動を取り、治安の妨害を為すものあれば、延《ひい》て満鉄沿線租借地及《および》朝鮮の治安を攪乱《かくらん》するに至るべきを以《もっ》て、帝国は自衛上已《や》むを得ず兵力を用いて之《これ》を鎮圧せざるべからざることを内外に宣明し、之を華府《かふ》会議関係の列国に通知すると共に、一方支那政府に対しては厳重なる警告を発する[69]

第一次奉直戦争とは、一九二二年四月に直隷派の呉佩孚《ごはいふ》と奉天派の張作霖《ちょうさくりん》との間で起きた軍事衝突である。奉天派が完敗して奉天に引き揚げることで幕を閉じる。日本は、この奉直戦争による中国東北部の治安の悪化を問題視しており、一九二三年に入ると再び両者が対立する気配が見られたことから、斎藤は日本が同地域の治安維持にイニシアティヴをとるべきことを主張していた。

だが、外務省はあくまでも中国への現地公使からの警告にとどめるべきであるとの方針であった。それを支持した友三郎は斎藤への書簡で次のように述べている。

> 今直《ただち》に貴翰《きかん》附属覚書御開示の如《ごと》き措置に出づるは、奉直間現下の関係幷《ならび》に其《その》他の状隊〔態〕に顧《かえり》み、頗《すこぶ》る考慮を要する義と致思考候《しこういたしそうろう》。尤《もっと》も今後の発展に対しては、多大の注意を払い、必要に応じ摘〔適〕《てき》宜《ぎ》の措置に出づることあるべきは勿論《もちろん》に有之候《これありそうら》得共《えども》、差当《さしあた》りの処《ところ》右等措置を以《もっ》て適当なるやに被存候《ぞんぜられそうろう》*70

つまり、友三郎はただちに介入などの措置をとろうとする斎藤を抑止しようとしていた。

専任海相としての財部彪

ここまでみてきたように、加藤友三郎内閣期の政策には、シベリア撤兵や軍縮の実施といった難事業に加え、陪審法の制定や選挙法の改正といったみるべきものが多かった。

友三郎はこれらの重要な政策の準備・実行を目指すが、この時期、特に胃腸の調子を崩すことも多かった。後述するように、友三郎は気がついていなかったが、それは大腸がんのためである。

そのようななかでは、海軍内で支持拡大ができていなかった軍部大臣文官制の導入を進めることは難しかった。

一九二二年五月から友三郎の海相秘書官を務めていた岩村清一《せいいち》の日記が、防衛省防衛研究所に残されている。岩村は、例えば、一九二三年三月二九日の日記に「大臣本年始めて登省」と、五月二日の日記に「朝大臣久方振りにて登省さる」とそれぞれ記している。[*71]

つまり、友三郎は海相を兼任して首相となったが、首相として多忙を極め、病気がちでもあり、海軍省にはほとんど登省できていなかった。友三郎は首相就任後も日常的には海相官邸を用いることが多かったが、海軍関係の事務は次官の井出謙治に任せ、秘書官の持ってくる書類を海相官邸で決済するのみだった。そもそも、次官の井出でさえ、友三郎には五分程度しか会えなかった。[*72]そのため首相就任後、海軍内で自己の構想すべてを浸透させることは困難であった。

友三郎の多忙と体調不良のため、組閣後半年ほど経つと、専任海相任命のうわさが海軍の内外で取り沙汰されるようになる。もともと、内閣成立直後から、友三郎の健康状態を心配して、専任海相を求める声が海軍内部にはあった。[*73]候補の筆頭は、山本権兵衛の女婿である横須賀鎮守府司令長官の財部彪である。[*74]

友三郎は海相となってから、次官であった財部を更迭し、以後は中央の要職から遠ざけてきた。だが、この当時、財部以外には適任者を得られなかった。

友三郎は呉鎮守府司令長官の鈴木貫太郎を後任海相に望んでいたようだが、軍政嫌いの鈴木はそれを固辞していた[*75]。海相に就くことのできる大将・中将の残る候補者は、財部以外には、古参順に海軍軍令部長の山下源太郎、軍事参議官の村上格一と野間口兼雄、佐世保鎮守府司令長官の栃内曽次郎、第一艦隊司令長官の竹下勇、次官の井出謙治らだった。大将・中将はほかにもいるが、海相はこれらのポストから就くことが多い。

山下は友三郎に協力的だったが、軍令部系統である。村上と竹下には海軍省での勤務経験がなかった。友三郎は栃内のことをそれほど評価していない[*76]。長く次官として友三郎を支えた井出だったが、この時期、女性問題を暴露されて海相の道を断たれていた[*77]。

軍務局長経験のある野間口は薩摩出身であり、その点では都城出身で薩摩閥の財部との差異はそれほど大きくないようにみえるが、野間口を前にして、東郷平八郎が財部を海相に推したことがある[*78]。東郷の支持は財部にあった。

財部 彪

東郷の支持を背景に海軍改革を進めてきた友三郎は、専任海相を選ぶとすれば、もはや財部しか適任者はいなかった。海軍次官を務めた財部の政治・行政手腕は確かである。一九二三年五月八日、友三郎は横須賀にいる財部に手紙を書いて内密に海相官邸に呼び出し、一三日、友三郎と財部との間で、海相の交代が決定した[*79]。

五月一五日、財部は加藤友三郎内閣の専任海相となる。一〇日後、次官も井出から岡田啓介に交代する。五月一五日から発熱した友三郎の海相の退庁式は二一日までずれ込んだ。[*80]

友三郎の海相在任期間は約八年。友三郎は住み慣れた海相官邸を引き払い、以後は南青山の私邸と首相官邸をその時々で使い分けながら生活する。

軍部大臣文官制導入頓挫の要因

友三郎が導入を目指しながらも、前章でみたように、海軍内で十分な支持を広げることができていなかった軍部大臣文官制は、財部が海相となったことで完全に実現の道が断たれた。

財部は、軍部大臣文官制には反対だった。のちの加藤高明内閣でのことになるが、財部は一九二四年六月三〇日に、加藤高明内閣の書記官長であった江木翼へ、「到底実行の見込なしとの言明は避《さ》《け》る」としながらも、「文官大臣論は主義としては認むるも、実行には幾多の研究を要す」と述べ、[*81]軍部大臣文官制に消極的だった。海軍内部には「自分の眼の黒い間は文官大臣としない」と、[*82]軍部大臣文官制導入への明確な反対意見を述べている。

のちに、海軍は軍部大臣文官制を明確に否定する。

海軍省が一九二七年一一月に法制局に発した文書では、「文官軍部大臣が軍事参議院に列すること、及び海軍将官会議議長たることの当非《とうひ》」という問いに対して、「軍政に関係ある事項の審議に関しては、当然軍部大臣の参加を必要とするも、統帥事項に関しては、文官たる軍部大臣の参加は適当ならず」と海軍省は答えている。また、「文官軍部大臣が軍令に副署することの当非」という問いに対しては、「軍令の本質に鑑み、其《そ》の副署は特に武官たる軍部大臣の立場に於《おい》て之《これ》を行うものなるを以《もっ》て、文官軍部大臣が之を行うことは適当ならず」と答えている。[*83]

前章でみたように、ワシントン会議前に、原敬の海相事務管理就任の是非を海軍内で検討した際、海軍は統帥権の独立を否定するかのような表現を用い、統帥事項である軍令の副署すらも文官大臣が行えるとしていた。右の一九二七年の意見は、それと正反対のものとなっている。海軍省は統帥権独立の壁につきあたり、軍部大臣文官制の導入に消極的になっていたが、軍部大臣文官制に否定的な財部のもとで、軍部大臣文官制を成り立たせる認識までをも否定するようになっていた。

友三郎はワシントン会議後、十分な補助艦建造予算を確保することで、軍縮を実施し、軍部大臣文官制の導入を表明しながらも、海軍軍令部との対立は回避できていた。だが、それは友三郎が目指したような、海軍軍令部の権限を縮小して得られる、制度に裏打ちされた安定ではない。友三郎の政治・行政手腕に依拠した安定に過ぎない。

政治・行政手腕があり、軍部大臣文官制に否定的な財部を後任海相に就けた時点で、友三郎が目指す、権限を強化した政党出身の文官海相による円滑な議会運営という路線は、放棄された。

財部の海相就任から約三ヵ月後、友三郎は病死する。もし、友三郎が命を長らえていたとしても、軍部大臣文官制の導入は難しかっただろう。首相就任以前の友三郎は、海相として、常に国家の方針と海軍の組織利益を、海軍に軸足を置きながら調整してきた。国家として必要なことを理解しつつ、それによって海軍に不利益が生じようとも、海軍の組織利益を一定程度確保することで、政府方針への従属を海軍に納得させてきたのである。だが、首相となりそのバランスは崩れる。海軍の組織利益を追求することは控えなければならなくなるし、海相の地位から離れてしまえば、そもそも海軍に自己の方針を徹底させることは困難となる。

友三郎は首相となり、多くのみるべき政策を推進した。だが、友三郎が首相となったときが、近代日本におけるシビリアン・コントロール実現の試みが挫折したときでもあるのだ。

専門家集団のコントロールには、その集団のなかで大所高所の視座に立った決定を、自組織の利益とすり合わせながら現実的な着地点に落とし込んでいく人材が不可欠となる。だが、そのような広い視野を備えた人物は、より上位のポストへの就任を求められ、結果として専門家集団のコントロールは難しくなる。友三郎の首相時代は、そうした人材活用の難しさを示している。

友三郎の死

友三郎は一九二二年九月、大腸炎のような症状があることから、医師の往診を求めた。その後、友三郎の治療にあたったのは、東京帝国大学医科大学長も務め、貴族院勅選議員だった佐藤三吉（専門は外科）、海軍軍医中将で前海軍軍医務局長の本多忠夫、同じく海軍軍医中将で海軍省医務局長の鈴木裕三である。

一一月、がんの発症が確認される。すでに六月頃に大腸がんを発しており、それはのちに肝臓にも転移する。医師団は当初、友三郎にがんという病名を伝えなかった。[*84]

友三郎は、日本の歴史上、初めて在職中に病死した首相である。原敬のように暗殺によって在職中に死去した首相はいる。だが、友三郎の場合は、首相の死が突然訪れるのではなく、確実に近い将来に訪れることを、医師団だけが知ることができた。医師たちにとっても初めての経験であり、国政に与える混乱を想像すると苦悩しただろう。その結果、友三郎が不治の病に侵されていることを、医師たちは友三郎だけでなく、その周囲にもしばらく明かせなかった。

友三郎の体調の悪化は、閣僚たちも心配していた。特に、友三郎の閣内での相談相手であった法相の岡野敬次郎は、一九二三年五月下旬から六月上旬にかけて、佐藤に友三郎の病状を問い合わせている。だが、岡野が佐藤から、友三郎が大腸がんであると明かされたのは、七月三日、岡野が意を決して佐藤を私邸に訪問したときだった。[*85]

七月二七日、友三郎は首相官邸での閣議に出席する。これが、友三郎の出席した最後の閣議となった。その後、体調が悪化した友三郎は南青山の私邸で療養することになる。[*86]

友三郎は八月三日の閣議を欠席した。閣僚には「痔の為なり」として、[*87]友三郎の病状は知らされておらず、岡野のみが知っていた。

海相の財部が友三郎の真の病状を知るのは、八月九日に、がんであることを知っている海軍軍医中将の本多忠夫が新築した家を見学しに行った際、本多から打ち明けられたからだ。本多から、「人口〔ママ〕排便孔にても設けざるべからざるの時期に達し」ていることを告げられた財部は、「意外の事の急なるに一驚《いっきょう》を吃《きっ》せり」と日記に記している。[*88]

八月一〇日の閣議で、二週続けて友三郎が欠席となったので、閣僚は友三郎の体調について、書記官長の宮田光雄や秘書官の浅井将秀に尋ねたが、おそらく本当の病状を知らなかったであろうため、両者とも明確に答えられなかった。[*89]もし、病状について知っていたとしても、政変に発展することを恐れ、本当のことは答えられなかったであろう。

八月一六日、友三郎は財部に、「病気の事は承知せらるる通の事故《ことゆえ》、万事宜《よろし》く頼む」と告げる。[*90]だが、友三郎はこの時点でも、自分が不治の病に侵されているとは思っていなかったようだ。翌一七日、皇太子裕仁に供奉《ぐぶ》して塩原に滞在していた女婿の船越隆義が帰京し、友三郎を見舞っている。そのとき友三郎は、「死病には非《あらざ》る事、以《もっ》て職責引続いて尽さんと欲する事」を隆義に語った。[*91]この日は比較的体調がよかったようで、岡野とも面会し、「岡野君〔中略〕、天機奉伺《てんきほうし》を外相に頼んで呉《く》れ」とも依頼している。[*92]

友三郎は若い頃から胃腸が悪く、そのために、胃腸の不調への自分なりの対処のしかたや、痛みのそらし方なども心得ていたのだろう。このときの不調も、いつものものだと考え、しばらく療養すれば公務に復帰できると考えていたと思われる。

他方、友三郎の病状を知った財部は、友三郎の死去後の準備を進め始める。八月一七日、海相官邸に東郷平八郎と軍令部長の山下源太郎を招き、友三郎の病状について相談した。ここでは、死後に元帥の称号を追贈することが話し合われている。[*93]

同日、もう一人の病状を知る閣僚である岡野は、友三郎の私邸で本多と面会する。本多は岡野へ、友三郎には病状を知らせないまでも、閣僚には病状を説明した方がよいのではないかと相談する。だが、岡野は政局が混乱することを恐れ、その点については自分に任せて欲しいと言って収めた。

財部・岡野以外の閣僚は友三郎の病状を知らず、同日の閣議で陸相の山梨半造は、「涼風の立つ頃には快復すべし」と述べているぐらいである。[*94] 突然、友三郎が今後も公務を執る見込みがないことを知らされると、大きな混乱が生じる恐れがあった。首相の死が近づいているという初めての状況のなかで、どのように混乱を抑えるのか、実際に病状を知る者たちだけが模索していた。

八月二〇日の朝、岡野の手配で往診した本多が友三郎に重篤な状態であることを告げ、辞職して療養するよう勧めた。友三郎は「其事《そのこと》は自分は能《よ》く知て居る」と述べた。[*95] 病状を受け入れたような発言だが、友三郎は総辞職の措置はとらなかった。むしろ、翌日に友三郎のもとを訪れた財部に友三郎は、「議会を切り抜くると云わざるも、病気は快復する自覚あるを以《もっ》て、重職を尚《な》お継続し行う決心なり」と告げた。[*96] 財部は、翌二二日に本多から、友三郎は持って一ヵ月と知らされる。[*97]

しかし、その二日後の八月二四日早朝、友三郎は危篤に陥った。午前九時半頃には、医師たちの勧めで家族が呼ばれ、午前一〇時には一人娘の喜美子が別棟から三人の孫を連れて、友三郎が横たわる床の間に入ってきた。宮中からも侍医が差し向けられている。午前一一時半から末期の水が与えられ、午後〇時三五分、友三郎はついに息を引き取った。[*98] 六二歳だった。

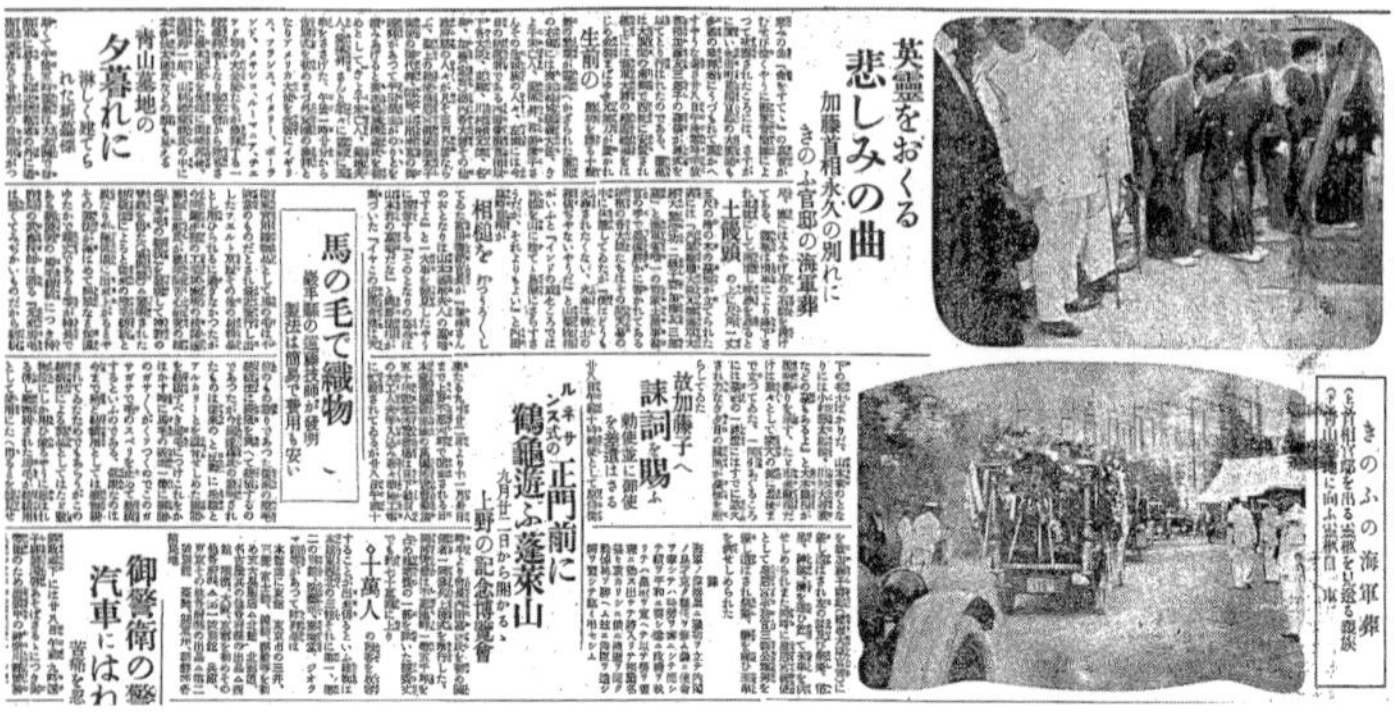
英霊をおくる悲しみの曲
加藤首相永久の別れに
きのふ官邸の海軍葬

生前の

青山墓地の夕暮れに
淋しく建てられた新墓標

馬の毛で織物

相槌を

故加藤子へ
誄詞を賜ふ
勅使並に御使を差遣はさる

ルネサンス式の正門前に
鶴亀遊ぶ蓬莱山
九月廿一日から開かる、
上野の記念博覧会

十萬人

御警衛の
汽車にはれ

きのふの海軍葬

友三郎の葬儀を伝えるメディア（『東京日日新聞』1923年８月29日朝刊）

関東大震災四日前の葬儀

友三郎には死去とともに元帥の称号と菊花大綬章が贈られた。また、男爵から子爵に陞爵《しょうしゃく》する。加藤子爵家は、女婿の隆義が加藤家に入って継ぐことになった。

加藤友三郎内閣は八月二五日に内閣総理大臣臨時代理の外相内田康哉が閣議を開き、辞表をとりまとめた。翌二六日に辞表が提出される。九月二日、第二次山本権兵衛内閣の成立に伴い、加藤友三郎内閣は総辞職となる。

友三郎の棺《ひつぎ》は首相官邸に移され、葬儀は八月二八日に海軍葬として執り行われた。横須賀鎮守府から派遣された銃隊一個大隊が、儀仗隊として首相官邸や青山墓地に配置されていた。祭典は午後〇時三〇分より始まる。午後二時から四時にかけて告別式が行われ、五時に棺が青山墓地に到着。配備されていた軍楽隊の演奏のもと埋葬が行われ、午後六時過ぎに終わった。[*99]

葬儀幹事は海相の財部が務めた。午前一〇時に勅語が下賜され、各宮家からも参列者があった。海外から弔意を示す電報も寄せられた。[*100]

葬儀が行われた同日の八月二八日午後三時半、山本権兵衛に組閣の大命が降下した。翌日、山本は大命を受けて、組閣を開始する。組閣が終盤を迎えた九月一日午前一一時五八分、関東大震災が起こる。未曽有の大災害が、内閣の移行期という政治的空白を襲うことになる。

関東大震災のあった日、皇太子裕仁は東京にいた。だが、本来は、箱根に行く予定だった。友三郎が死去したため、東京にとどまっていたのだ。箱根は関東大震災で大きな被害を受けたため、五〇年後、昭和天皇は「もし、箱根に行っていたら……。加藤が守ってくれたのだ」と語った。[*101]

おわりに

加藤家のその後

加藤家を継いだ隆義は、のちに航空本部長や軍令部次長などを務め、一九三九年四月に海軍大将となる。女婿とはいえ、父子で海軍大将となったのは山本権兵衛―財部彪と、加藤友三郎―隆義だけである。

隆義はアジア・太平洋戦争中は軍事参議官であり、直接戦争指導に関わる立場にはなく、敗戦二ヵ月前の一九四五年六月に予備役編入となる。

戦時中、友三郎の墓の周囲にあった金属製の柵やドアは供出された（現在、柵は設置し直されている）。友三郎が晩年に住んだ南青山の自宅は、一九四五年三月一〇日の東京大空襲で焼失し、加藤家も多くの財産を失った。加藤家は千葉の一宮の別荘に移り住んだが、戦後は東京に戻る。

友三郎の一人娘の喜美子は一九三七年に死去している。隆義はその後、中央大学学長を務めた岡村輝彦の娘の晴子と再婚する。

隆義は戦後、中島飛行機系の企業で、石橋正二郎が会長を務めていた富士精密工業（のちのプリンス自動車工業）に勤務し、家族を養った。海軍の高官には、民間企業の名誉職や技術顧問に招かれる者もいたが、隆義の場合は、それなりに会社の経営に積極的に関わっていたようである。現場を視察しながら、必要な数字を詳細に記録した隆義の手帳が遺っている。戦後の混乱期にあって、家族を養うために苦労した隆義は、一九五五年二月一〇日に死去する。

先述したように、加藤家は三女愛子が結婚した松平齊が継承する。愛子と齊の間には戦後に二人の女の子が生まれた。友三郎の子孫は、現在でも東京に暮らしている。

友三郎の特徴

友三郎の出身地である広島県には、友三郎の銅像が現在二つある。

広島市内の比治山には戦前、友三郎の銅像が建てられていたが、戦時中に台座を残して供出された。その後二〇〇八年、同じ市内の中央公園内に、有志によってあらためて銅像が再建された。この銅像の友三郎はシルクハットにフロックコート姿である。

広島県内にある友三郎のもう一つの銅像は、呉市の入船山公園にあり、こちらは軍服（大礼服）姿である。呉鎮守府司令長官を友三郎が務めていたため、こちらも有志が旧長官官舎の近くに二〇二〇年に建てた。

軍服姿もフロックコート姿も、どちらも友三郎の特徴をよく捉えている。友三郎は軍人であり、なおかつ政治家でもあった。その時期が異なっているだけである。

ここで、友三郎について本書で述べたことを振り返ってみたい。

友三郎は特に砲術の分野に秀でた優秀な海軍士官であり、教育・訓練課程を修めてから、高千穂や吉野、八島といった新鋭艦に配属され、日清・日露戦争でも活躍した。

同時に、友三郎は山本権兵衛に見出され、海軍省行政でも頭角をあらわす。日清戦争後に海軍省軍務局軍事課長を務め、日露戦争後に軍務局長、海軍次官を歴任した。

日清・日露戦争前後の時期は、日本の議会制度が始まり、定着していく時代である。軍備拡張予算は議会の、それも政党の同意を得なければならず、世論というものが飛躍的に重要になっていく。

次官を務めた時期までの友三郎はたしかに優秀であり、評価もされた。だが、必ずしも十分な海軍拡張予算の獲得に成功していたわけではない。日露戦争中、世論の批判を作戦の成功のために無視していた友三郎は、日露戦後において、議会政治のなかで予算を獲得する難しさに直面していた。

第二次大隈重信内閣で初入閣してから、友三郎は五代の内閣で約八年間海相を務める。原敬内閣までの友三郎は、八八艦隊予算の獲得に邁進《まいしん》し、議会や世論に対する丁寧な説明を心掛けるとともに、立憲政友会と協調しながら、時には政党の都合を優先するなどして、漸進的に予算の獲得に励んだ。そこには、次官時代の苦い経験から、世論に向き合おうという姿勢がみてとれるし、政党政治を時代の潮流とみなしていたことがわかる。

ワシントン会議に首席全権として出席した友三郎の視野は、大きく広がる。世論が政治を動かす国アメリカを相手にした交渉のなかで、友三郎は政党政治が定着しつつあるとみえる日本においても、軍は政党と世論を意識していかなければならないという思いを強くする。

帰国後の友三郎は、ワシントン海軍軍縮条約で制限されなかった補助艦を建造する予算を獲得するとともに、政党政治に海軍を適応させていくために、軍部大臣文官制の実現を模索する。

首相となってからの友三郎は、普通選挙につながる選挙法の改正に関心を示すとともに、広い視野から必要かつ重要な政策を、次々に進めていった。ワシントンで大きく視野を広げた友三郎には、多くの実施すべき改革がみえており、友三郎は死の直前まで首相の職務に意欲を持っていた。しかし、友三郎がアメリカから帰国して死去するまでの間は、わずか一年五ヵ月である。その期間はあまりに短すぎた。

友三郎は人生の大半を、優秀と評価されて生きた。だが、それを可能としたのは、与えられた職務に柔軟に適応する努力を友三郎が惜しまなかったからである。常に必要な物事、期待されている物事を考え、実現しようとしていた。友三郎の凄みは、それを国際会議の首席全権や首相といった海軍の領域を踏み越えたポストに就いても、可能としたことである。

政党政治が定着しつつある時代のなかで、そうした柔軟な姿勢がその見識の評価につながった。

近代日本のなかでの評価

長期間にわたって海相を務めた友三郎は、「全く加藤はこのところ海軍の王様といった形《かた》ちだ」と新聞でも評されるなど[*1]、非常に強い政治的な影響力を保持していた。それは、東郷平八郎といった海軍の長老を味方につけただけでなく、人事でも予備役編入者を多数出さざるを得なかった結果でもある。

戦後、自身の膨大な史料をもとに、海軍の歴史について多数の書籍を刊行した元海軍軍人の高木惣吉は、友三郎一人に権力の集中したことが、かえってその後の海軍の政治的センス喪失につながったと主張している[*2]。

海軍の政治的な消極姿勢の原因すべてが友三郎にあるというのは無理がある。その一方で、海軍のなかに友三郎への反発が一定程度存在したこと、友三郎がそうした反対意見を抑える非常に強い影響力を維持していたことを、海軍軍人であった高木の主張は示している。

では、友三郎に足りなかったものとは何だったのだろうか。たしかに、高木らの主張するように、海軍内で権力を集中し過ぎたことが、海軍内部での闊達な意見の交換を阻害し、風通しを悪くしたことは否めない。また、大規模な人員整理がその後の海軍に深刻な影響をもたらすなど、友三郎の政策そのものにも多くの課題があったのは事実だろう。そして、自身の後を預けられるような、軍人政治家の後進を友三郎が育成できていたとは言えない。

だが、友三郎に最も足りなかったもの、それは何よりも時間だった。

ワシントン会議から帰国後、しばらく首相の座に就かず、海相専任を続けていたならば、近代日本におけるシビリアン・コントロールのあり方は変わったかもしれない。もう少し命脈を保ったならば、首相として日本の針路を変えたかもしれない。

E・H・カーは「仮定は歴史とは関係のないもの」と言い切ったが[*3]、友三郎にはもう少し時間があればと期待させられるものがある。友三郎の広い視野と柔軟な姿勢をもってすれば、時代の潮流である政党政治を軍の側からも支えることができたのではないかと期待を持ちたくなるほど、友三郎の軌跡は評価できるものだった。

原敬や加藤高明といった、一九一〇〜二〇年代に政党政治を模索した政治家の重要性は、いまさら贅言《ぜいげん》を要しない。だが、「統帥権の独立」という政治慣行が存在した近代日本では、政党政治を推進する政治家たちとともに、政党政治に理解を示す軍人もまた、その安定のためには必要不可欠だった。

「統帥権の独立」という慣行のもとで、その専門性を強固に保障された軍部に、政党政治への適応、つまりは、政治への従属を認めさせることは、強い拒否反応を伴うものである。だが、軍部の政治への従属を確立しなければ、政党政治の安定はあり得なかった。友三郎への海軍内の不満は、海軍に一定の組織利益を確保しながらも、友三郎が海軍を政党政治に適応させるために、指導力を発揮しようとした結果でもある。十分な時間的余裕を得られず果たせなかったが、政党政治への適応を模索した友三郎は、日本の政党政治を安定させる、可能性の一つだったと言える。

社会が複雑化、多様化すればするほど、広い視野で、時代の潮流と、いま必要とされることを見定める能力がますます重要となる。友三郎の人生の軌跡は、現代の我々に視野を広げることの大切さを示してくれるのではないだろうか。

註記

はじめに

1 近年の海軍研究の動向は、兒玉州平・手嶋泰伸編『日本海軍と近代社会』（吉川弘文館、二〇二三年）序章を参照。
2 拙著『統帥権の独立　帝国日本「暴走」の実態』（中央公論新社、二〇二四年）第二章参照。
3 例えば、平松良太「第一次世界大戦と加藤友三郎の海軍改革―一九一五～一九二三年―」（『法学論叢』一六七‐六、一六八‐四、一六八‐六、二〇一〇～二〇一一年）。
4 拙稿「予算要求の論理から見たワシントン会議における海軍内の対立」（『ヒストリア』二九七、二〇二三年）。
5 近年刊行された加藤友三郎の伝記に、西尾林太郎『加藤友三郎』（吉川弘文館、二〇二四年）があるが、これまでの海軍史研究の成果がまったく取り入れられていない。また、加藤友三郎の事績について整理は試みているものの、史資料から加藤友三郎の言動を収集しきれておらず、人物像も明瞭ではない。本書は加藤友三郎と世論との関係から、その歴史的再評価を図りたい。

第1章

1 本項の内容は、特に注記しない限り、加藤元帥伝記編纂委員会編『元帥加藤友三郎伝』（宮田光雄、一九二八年）による。
2 『大阪毎日新聞』、一九二二年六月一二日、朝刊。
3 同右。
4 海軍省編『海軍制度沿革』巻二（原書房、一九七一年）五六〇頁。
5 清水唯一朗『原敬　「平民宰相」の虚像と実像』（中央公論新社、二〇二一年）一〇頁。
6 以上、前掲編『海軍制度沿革』巻二、五五九頁。
7 海軍兵学校編『海軍兵学校沿革』（原書房、一九六八年）一二五頁。
8 前掲『海軍制度沿革』巻二、五六二頁。
9 同右、五六七頁。
10 前掲『海軍兵学校沿革』、一七〇頁。
11 財団法人斎藤子爵記念会編『子爵斎藤実伝』第一巻（同刊、一九四一年）一四四頁。
12 高木惣吉『自伝的日本海軍始末記　帝国海軍の内に秘められたる栄光と悲劇の事情』（光人社、一九七九年）五〇頁。
13 前掲『元帥加藤友三郎伝』、一七頁。
14 以上、拙著『日本海軍と政治』（講談社、二〇一五年）六三～六七頁。
15 熊谷光久『日本軍の人的制度と問題点の研究』（国書刊行会、一九九四年）二六〇～二六五頁。
16 澤田撫松『少年立志成功談　大臣大将の少年時代』（南海

書院、一九二七年）九一～九二頁。
17 海軍歴史保存会編『日本海軍史　第七巻　機構　人事　予算決算　艦船　航空機　兵器』（同刊、一九九五年）一四八～一四九頁。
18 同右。
19 金澤裕之『幕府海軍　ペリー来航から五稜郭まで』（中央公論新社、二〇二三年）一八二頁。
20 以上、池田清『日本の海軍（上）』（至誠堂、一九六六年）六四～六五頁。
21 前掲『海軍兵学校沿革』、一六五頁。
22 同右、一七三頁。
23 末国正雄「教育」（海軍歴史保存会編『日本海軍史　第五巻　部門小史（上）』、同刊、一九九五年）一一三頁。
24 『都新聞』、一九二三年八月二五日。藤井較一による証言である。ただし、その記事のなかでは艦名が筑波となっている。しかし、艦長の伊東祐亨の日記によると、事故は龍驤で起きていることがわかる（小笠原長生『元帥伊東祐亨』、故伊東元帥伝記編纂会、一九四二年、六六～六七頁）。
25 『龍驤艦脚気病調査書』（海軍省、一八八五年）一～二頁。
26 同右、三六頁。
27 前掲『海軍兵学校沿革』、四〇六頁、四一三頁。
28 同右、四一六頁、鈴木一編『鈴木貫太郎自伝』（時事通信社、一九六八年）一八頁。
29 「明治二〇年一一月一日付加藤友三郎書簡」（斎藤実関係文書書翰の部、国立国会図書館憲政資料室、史料番号六一一九－一一）。目録上は一一月一一日となっているが、本文中には一一月一日とある。
30 小笠原長生『鉄桜随筆』（実業之日本社、一九二六年）二〇五頁。
31 前掲『海軍制度沿革』巻二、五一四頁。
32 前掲末国「教育」、九九頁。
33 前掲『元帥加藤友三郎伝』、二四頁。
34 海軍有終会編『幕末以降帝国軍艦写真と史実』（同刊、一九三五年）第二篇八六頁。
35 小川原正道『西郷従道－維新革命を追求した最強の「弟」』（中央公論新社、二〇二四年）一〇四～一〇七頁。
36 尚友倶楽部史料調査室・季武嘉也編『財部彪日記　大正十年・十一年－ワシントン会議と海軍－』（尚友倶楽部、二〇二四年）一九二一年五月三一日条、三九頁。
37 海軍大臣官房編『山本権兵衛と海軍』（原書房、一九六六年）三六頁。
38 雨倉孝之「山本海軍大臣の就任」（海軍歴史保存会編『日本海軍史　第一巻　通史　第一・二編』、同刊、一九九五年）四〇七～四〇九頁。
39 前掲小川原『西郷従道』、一〇六～一〇七頁。
40 以上、前掲『元帥加藤友三郎伝』、六頁。
41 同右、八頁。
42 『大阪毎日新聞』、一九二二年六月一二日、朝刊。
43 以上、田中宏巳「政府と海軍」（前掲『日本海軍史　第一巻』）二六六～二七六頁。
44 以上、同右、二七六～二八一頁。
45 雨倉孝之「対清準備から日清戦争へ」（前掲『日本海軍史

第一巻』）三〇二頁。

46 尾佐竹猛著、三谷太一郎校注『大津事件―ロシア皇太子大津遭難―』（岩波書店、一九九一年）一八～一九頁。

47 H・カレール＝ダンコース著、谷口侑訳『甦るニコライ二世 中断されたロシア近代化への道』（藤原書店、二〇〇一年）七三～七四頁。

48 「明治二五年一月一日付加藤友三郎書簡」（斎藤実関係文書書翰の部、国立国会図書館憲政資料室、史料番号六一九‐二）。

49 「三月九日付加藤友三郎書簡」（斎藤実関係文書書翰の部、国立国会図書館憲政資料室、史料番号六一九‐一〇）。作成年は不明であるが、友三郎と斎藤実が両方大尉の期間中であることから、友三郎のイギリス出張時のものと考えられる。

50 以上、「軍艦吉野製造一件（5）」、JACAR（アジア歴史資料センター）Ref.C11081481100、『公文備考別輯 完 新艦製造部 大島 秋津洲 吉野 明治二一～二七』（防衛省防衛研究所）。

第2章

1 原田敬一『シリーズ日本近現代史③ 日清・日露戦争』（岩波書店、二〇〇七年）五七頁。

2 「一三号 征清海戦史稿本 巻 五（一）」、JACAR（アジア歴史資料センター）Ref.C08040512000、『明治二七・八年 征清海戦史 一』（防衛省防衛研究所）四一五頁。

3 原田敬一『戦争の日本史19 日清戦争』（吉川弘文館、二〇〇八年）五二～六二頁。

4 同右、六四頁、七〇～七四頁。

5 海軍軍令部編『廿七八年海戦史』上巻（春陽堂、一九〇五年）一七一～一七三頁。

6 前掲「一三号 征清海戦史稿本 巻 五（一）」、四一三～四一四頁。

7 前掲『廿七八年海戦史』、一七七頁。

8 前掲『元帥加藤友三郎伝』、三四頁。

9 雨倉孝之「海軍諸制度改革」（前掲『日本海軍史 第一巻』）三八七～三八九頁。

10 室山義正『近代日本の軍事と財政 海軍拡張をめぐる政策形成過程』（東京大学出版会、一九八四年）二一六～二一七頁。

11 古結諒子『日清戦争における日本外交 東アジアをめぐる国際関係の変容』（名古屋大学出版会、二〇一六年）一五六～一六〇頁。

12 伊香俊哉『近代日本と戦争違法化体制―第一次世界大戦から日中戦争へ―』（吉川弘文館、二〇〇二年）八六～八八頁。

13 『加藤友三郎元帥』（加藤友三郎元帥を偲ぶ会実行委員会、一九六八年）三四頁。

14 『東京朝日新聞』、一九〇四年七月二三日、朝刊。

15 同右、一九二二年六月一〇日、朝刊。

16 同右、一九〇五年一月二四日、朝刊。

17 野村實『日本海海戦の真実』（講談社、一九九九年）第六章。

18 「戦策綴（一）」、JACAR（アジア歴史資料センター）Ref.C09050586800、『戦策綴』（防衛省防衛研究所）四三二頁。
19 前掲野村『日本海海戦の真実』、八二～八三頁。
20 以上、同右、九二～一〇七頁。
21 同右、八八～九〇頁。
22 「日本海々戦（極秘）（一）」、JACAR（アジア歴史資料センター）Ref.C09050718500、『日露戦役参加者　史談会記録（一）　明治三七～三八』（防衛省防衛研究所）一～三頁。
23 前掲野村『日本海海戦の真実』、一一三頁。
24 前掲「日本海々戦（極秘）（一）」、七～八頁。
25 同右、一〇頁。
26 前掲『元帥加藤友三郎伝』、五七～五八頁。
27 田中宏巳『東郷平八郎』（筑摩書房、一九九九年）九二～九三頁、同『秋山真之』（吉川弘文館、二〇〇四年）一九八～二〇〇頁。
28 拙稿「日本海海戦における東郷平八郎の描かれ方」（『龍谷紀要』四六‐一、二〇二四年）一八～一九頁。
29 小笠原長生『東郷元帥詳伝』（春陽堂、一九二一年）五六四～五六五頁。
30 前掲『元帥加藤友三郎伝』、五八～六一頁。
31 小笠原長生『撃滅　日本海海戦秘史』（実業之日本社、一九三〇年）一二三～一二六頁。
32 前掲拙稿「日本海海戦における東郷平八郎の描かれ方」。
33 前掲小笠原『東郷元帥詳伝』、五六四～五六五頁。
34 前掲『元帥加藤友三郎伝』、五九～六〇頁。
35 前掲小笠原『撃滅　日本海海戦秘史』、一二四～一二五頁。
36 田中宏巳『小笠原長生と天皇制軍国思想』（吉川弘文館、二〇二一年）一三八～一五六頁。
37 東京日日新聞社・大阪毎日新聞社編『参戦廿提督回顧卅年日露大海戦を語る』（東京日日新聞社・大阪毎日新聞社、一九三五年）三四二頁。
38 「第二十三回帝国議会貴族院予算委員第四分科会（陸軍省海軍省）議事速記録第一号」。
39 前掲野村『日本海海戦の真実』、一九四頁。
40 前掲『加藤友三郎元帥』、四六頁。
41 同右、三五頁。

第3章

1 前掲『元帥加藤友三郎伝』、二五八頁。
2 同右、二七五頁。
3 前掲『加藤友三郎元帥』、四七～四八頁。
4 室山義正「日露戦後財政と海軍拡張政策―『八・八』艦隊構想の財政過程―」（原朗編『近代日本の経済と政治』、山川出版社、一九八六年）四〇～四五頁。
5 前掲拙著『日本海軍と政治』、七五～七八頁。
6 「第二十五回帝国議会衆議院予算委員会議録（速記）第四回」。
7 木村聡『日本海軍連合艦隊の研究』（北海道大学出版会、二〇二二年）第一～二章。
8 酒井一臣「シーメンス事件はなぜ『シーメンス事件』と呼ばれるのか」（前掲『日本海軍と近代社会』）。
9 山本四郎「第一次山本内閣―政治改革をめざして―」（林

茂・辻清明編『日本内閣史録2』、第一法規出版、一九八一年）二〇一〜二〇五頁。

10 以上、坂野潤治・広瀬順晧・増田知子・渡辺恭夫編『近代日本史料選書12-2　財部彪日記　海軍次官時代（下）』（山川出版社、一九八三年）一九一四年三月三一日条〜四月四日条、二七二〜二七五頁。

11 同右、一九一四年四月五日条、二七五頁。

12 「井上侯へ提出　海軍ト清浦子最終ノ談判」（山本四郎編『第二次大隈内閣関係史料』、京都女子大学、一九七九年）一〇頁。

13 前掲『財部彪日記　海軍次官時代（下）』、一九一四年四月五日条、二七五頁。

14 以上、同右。

15 小池聖一「第一次大戦と日本海軍」（海軍歴史保存会編『日本海軍史　第二巻　通史　第三編』、同刊、一九九五年）三〇一頁。

16 我部政明「日本のミクロネシア占領と『南進』—軍政期（一九一四年から一九二二年）を中心として—」（一）（『法学研究』五五-七、一九八二年）。

17 神山恒雄「海軍力充実と財政・政治」（前掲『日本海軍史　第二巻』）二六五〜二六六頁。

18 前掲『財部彪日記　海軍次官時代（下）』、一九一四年四月一五日条、二七九頁。

19 若槻礼次郎『古風庵回顧録　明治、大正、昭和政界秘史』（読売新聞社、一九五〇年）二一一頁。

20 前掲『第二次大隈内閣関係史料』、五三頁。

21 前掲神山「海軍力充実と財政・政治」、二六一〜二六六頁。

22 野村實『日本海軍の歴史』（吉川弘文館、二〇〇二年）八一頁。

23 前掲『第二次大隈内閣関係史料』、一二五頁。

24 海軍大臣官房編『海軍軍備沿革』（巌南堂書店、一九七〇年）一八三〜一九〇頁。

25 同右、一八六頁。

26 『東京朝日新聞』、一九一四年七月二〇日、朝刊。

27 同右、一九一四年七月二七日、朝刊。

28 同右、一九一五年六月二二日、朝刊。

29 前掲『第二次大隈内閣関係史料』、二八八頁。

30 森山優「八八艦隊予算の成立」（前掲『日本海軍史　第二巻』）四三九頁。

31 原奎一郎編『原敬日記　第四巻　総裁就任』（福村出版、一九六五年）一九一五年八月一五日条、一二三頁。

32 『東京日日新聞』、一九一五年八月九日、朝刊。

33 『読売新聞』、一九一五年八月九日、朝刊。

34 前掲平松「第一次世界大戦と加藤友三郎の海軍改革」（一）、九八頁。

35 中村繁丑『元帥島村速雄伝』（同刊、一九三三年）二三三頁、二六五頁。

36 前掲『加藤友三郎元帥』、二二一頁。

37 飯島直樹「一九二〇年代の軍事輔弼体制と軍政優位体制の相克—元帥府をめぐる陸海軍関係の展開—」（『日本史研究』七一八、二〇二二年）三八頁。

38 同右、三六〜三九頁。

39 「一九一九年一一月二四日付加藤友三郎書簡」（斎藤実関係文書書翰の部、国立国会図書館憲政資料室、史料番号六一九‐一七）。このときは、朝鮮総督府御用掛の東條明次の待命人事に対する配慮を斎藤実が求めていた。
40 前掲平松「第一次世界大戦と加藤友三郎の海軍改革」（一）、九六〜九九頁。
41 木場浩介編『野村吉三郎』（野村吉三郎伝記刊行会、一九六一年）二二八頁。
42 『東京朝日新聞』、一九一五年九月九日、朝刊。
43 「第三十七回帝国議会衆議院議事速記録第三号」。
44 「第三十七回帝国議会貴族院議事速記録第二号」。
45 季武嘉也『大正期の政治構造』（吉川弘文館、一九九八年）二〇四〜二一一頁。
46 前掲清水『原敬』、二一七〜二一九頁。
47 前掲平松「第一次世界大戦と加藤友三郎の海軍改革」（一）、一〇二頁。
48 山本四郎編『寺内正毅内閣関係史料』下巻（京都女子大学、一九八五年）九三頁。
49 前掲『海軍軍備沿革』、二三〇〜二三一頁。
50 『東京日日新聞』、一九一七年一〇月一四日、朝刊。
51 以上、高橋秀直「寺内内閣期の政治体制」（『史林』六七‐四、一九八四年）六九〜七一頁。
52 同右、七一頁。
53 幣原喜重郎『外交五十年』（読売新聞社、一九五一年）二六四頁。
54 前掲平松「第一次世界大戦と加藤友三郎の海軍改革」（二）、一〇八頁。
55 原奎一郎編『原敬日記　第五巻　首相時代』（福村出版、一九六五年）一九一八年一〇月二三日条、三一頁。
56 拙稿「法文学部創出理由の再検討」（『東北大学史料館研究報告』一八、二〇二三年）四〜五頁。原は結局、高等教育機関の増設のために、天皇の内帑金の下賜を画策する。
57 前掲『原敬日記　第五巻』、一九一八年一〇月一八日条、二九頁。
58 前掲『海軍軍備沿革』、二四二〜二四四頁。
59 前掲『原敬日記　第五巻』、一九二〇年二月二四日条、二一八頁。
60 海軍大臣秘書官「晩餐会の光景」（『大正九年　官房秘書官綴』、防衛省防衛研究所）。
61 小磯隆広「日本海軍の大正デモクラシー認識」（黒沢文貴編『日本陸海軍の近代史　秩序への順応と相克1』、東京大学出版会、二〇二四年）一二二〜一二三頁。
62 「工廠長会議（一）」、JACAR（アジア歴史資料センター）Ref.C08021277000、『大正八年　公文備考　巻三　官職三』（防衛省防衛研究所）一五〇一頁。
63 「海軍大臣口達覚書」（海軍省大臣官房『大正八年　要書綴其一』、防衛省防衛研究所）一〇一一頁。
64 前掲小磯「日本海軍の大正デモクラシー認識」。
65 前掲『原敬日記　第五巻』、一九一九年一一月六日条、一六六頁。
66 同右、一九二〇年八月四日条、二六四頁。
67 波多野勝『裕仁皇太子ヨーロッパ外遊記』（草思社、一九九八年）三二〜四一頁。

68 前掲『原敬日記　第五巻』、一九二一年一月一八日条、三三九頁。

69 「準備に関する諸件（一）」、JACAR（アジア歴史資料センター）Ref.C08050147500、『大正一〇年　公文備考　巻一二　儀制一』（防衛省防衛研究所）。

70 前掲波多野『裕仁皇太子ヨーロッパ外遊記』、四八〜五二頁。

71 「一九二一年二月一五日付、加藤友三郎書簡」（竹下勇関係文書、国立国会図書館憲政資料室）。

72 例えば、前掲『原敬日記　第五巻』、一九二一年三月一五日条、三六二頁。

第4章

1 幣原平和財団編『幣原喜重郎』（同刊、一九五五年）一三六〜一三七頁。

2 「加藤友三郎書簡　栃内曽次郎宛」（年月日不詳、栃内曽次郎関係文書、国立国会図書館憲政資料室、史料番号一五）。

3 前掲『原敬日記　第五巻』、一九二一年九月四日条、四三五頁。

4 同右、一九二一年八月一九日条、四二六頁。

5 同右、一九二一年八月二四日条、四二八頁。

6 同右、一九二一年八月二五日条、四二八頁。

7 同右、一九二一年八月二四日条、四二八頁。

8 同右、一九二一年八月二五日条、四二八頁。

9 小池聖一「ワシントン海軍軍縮会議前後の海軍部内状況―『両加藤の対立』再考―」（『日本歴史』四八〇、一九八八年）六九〜七一頁。

10 『東京朝日新聞』、一九二一年一〇月六日、朝刊。

11 前掲『原敬日記　第五巻』、一九二一年一〇月七日条、四五七頁。

12 同右、一九二一年八月二五日条、四二八頁。

13 同右、一九二一年八月三〇日条、四三二頁。

14 例えば、同右、一九二一年八月三〇日条、四三一頁、『東京朝日新聞』、一九二一年九月二五日、朝刊。

15 『東京朝日新聞』、一九二一年九月二五日、朝刊。

16 前掲『原敬日記　第五巻』、一九二一年八月二六日条、四三〇頁、一九二一年八月三一日条、四三二頁。

17 例えば、石射猪太郎『外交官の一生―対中国外交の回想』（太平出版社、一九七二年）八一〜八二頁。

18 外務省編『日本外交文書　ワシントン会議軍備制限問題』（同刊、一九七四年）三六頁。

19 『東京朝日新聞』、一九二一年一〇月一六日、夕刊。

20 前掲『加藤友三郎元帥』、五四頁。

21 「加藤全権伝言」（『大正十年十二月二十七日　加藤全権伝言』、防衛省防衛研究所）。この史料の一部は、稲葉正夫・小林龍夫・島田俊彦・角田順編『太平洋戦争への道　開戦外交史《新装版》　別巻　資料編』（朝日新聞社、一九八八年、旧版は一九六三年）に掲載されている。だが、抜粋であるため、この発言は記載されていない。また、「加藤全権伝言」は大分県立先哲史料館編『大分県先哲叢書　堀悌吉資料集』第一巻（大分県教育委員会、二〇〇六年）六八～七七頁にも収録されているが、別添資料が省略されているので、本書では防衛省防衛研究所に所蔵されている原史料を用いる。
22 前掲「加藤全権伝言」、前掲『加藤友三郎元帥』、五四～五五頁。
23 前掲「加藤全権伝言」。
24 以上、前掲幣原『外交五十年』、六四頁。
25 前掲『加藤友三郎元帥』、五五頁。
26 前掲幣原『外交五十年』、六四頁。
27 以上、『大阪毎日新聞』、一九二二年三月一〇日、朝刊。
28 新井達夫『加藤友三郎』（時事通信社、一九五八年）八七頁。
29 尚友倶楽部・季武嘉也・櫻井良樹編『財部彪日記［海軍大臣時代］』（芙蓉書房出版、二〇二一年）一九二九年一二月一九日条、五三八頁。
30 同右、一九三〇年一月二三日条、五五〇頁。
31 『東京朝日新聞』、一九二一年一一月六日、朝刊。
32 前掲『加藤友三郎元帥』、四八頁。
33 以上、「原敬首相ノ言」（前掲『大正十年十二月二十七日加藤全権伝言』）。
34 前掲清水『原敬』、一〇～一二頁。
35 『大正十年加藤中将発受電報写』（防衛省防衛研究所）。
36 前掲拙稿「予算要求の論理から見たワシントン会議における海軍内の対立」、四七～五〇頁。
37 防衛庁防衛研修所戦史室『戦史叢書　大本営海軍部・聯合艦隊〈1〉―開戦まで―』（朝雲新聞社、一九七五年）一五七～一五九頁。
38 麻田貞雄「ワシントン海軍軍縮の政治過程―ふたりの加藤をめぐって―」（『同志社法学』二五五、一九九八年）一〇七頁。
39 前掲「加藤全権伝言」。
40 前掲幣原『外交五十年』、五九頁。
41 『大正十～十一年　加藤大臣海軍次官往復電報綴』（防衛省防衛研究所）。
42 同右。
43 『東京朝日新聞』、一九二一年一〇月三〇日、朝刊。
44 「第四十五回帝国議会貴族院予算委員会議事速記録第十九号」。
45 『東京朝日新聞』、一九二一年一一月一八日、朝刊。
46 伊藤正徳『新聞生活二十年』（中央公論社、一九三三年）三三一頁。
47 前掲「加藤全権伝言」。
48 堀悌吉『海軍軍備制限ヲ中心トスル華府会議　弁妄篇』（防衛省防衛研究所）。傍線引用者。
49 George T. Davis "A Navy Second to None: The Development of Modern American Naval Policy", New York, 1940, p294.（拙訳）
50 前掲「加藤全権伝言」。
51 前掲『加藤大臣海軍次官往復電報綴』。傍線引用者。
52 「第四十三回帝国議会衆議院予算委員第四分科（陸軍省及海軍省所管）会議録（速記）第一回」。
53 そうした経験について、友三郎はその苦労を議会で吐露している（「第四十五回帝国議会貴族院予算委員会議事速記録第十九号」）。
54 「第三十九回帝国議会貴族院予算委員会議事速記録第三号」。
55 前掲小池「ワシントン海軍軍縮会議前後の海軍部内状況」。
56 前掲「加藤全権伝言」。
57 前掲『加藤大臣海軍次官往復電報綴』。
58 小林龍夫「海軍軍縮条約」（日本国際政治学会太平洋戦争原因研究部編『太平洋戦争への道　開戦外交史《新装版》1　満州事変前夜』、朝日新聞社、一九八七年、旧版は一九六三年）二六頁。
59 外務省編『日本外交文書　ワシントン会議　上』（同刊、一九七七年）三二二頁。
60 この点の経緯については、前掲西尾『加藤友三郎』、二一二～二三〇頁に詳しい。
61 伊藤隆他編『続・現代史資料5　海軍　加藤寛治日記』（みすず書房、一九九四年）一九二二年一月一〇日条、五三頁。
62 同右、一九二二年一月一二日条、五三頁。
63 『東京朝日新聞』、一九二一年一二月二日、夕刊。
64 前掲『加藤寛治日記』、一九二一年日付不詳、四五頁。
65 前掲木場『野村吉三郎』、一二七頁。
66 前掲『財部彪日記　大正十年・十一年』、一九二一年五月三一日条、三九頁。
67 前掲幣原『外交五十年』、六五頁。
68 前掲『元帥加藤友三郎伝』、一一七頁。
69 『東京朝日新聞』、一九二八年九月一二日、朝刊。
70 前掲『大正十年加藤中将発受電報写』。
71 同右。傍線引用者。
72 『東京朝日新聞』、一九二八年九月一二日、朝刊。外務省調査部第一課「加藤寛治大将述『ワシントン』会議の追憶」（一九三八年七月）（広瀬順晧編『近代未刊史料叢書5　近代外交回顧録　第3巻』、ゆまに書房、二〇〇〇年）一三九頁。
73 前掲『大正十年加藤中将発受電報写』。
74 前掲伊藤『新聞生活二十年』、二五五～二五七頁、三二六～三二九頁。
75 前掲『大正十年加藤中将発受電報写』。
76 前掲『元帥加藤友三郎伝』、二六〇頁。
77 中谷直司『強いアメリカと弱いアメリカの狭間で—第一次世界大戦後の東アジア秩序をめぐる日米英関係』（千倉書房、二〇一六年）第六章。
78 前掲『日本外交文書　ワシントン会議　上』、五四八頁。
79 中谷直司「ワシントン会議　海軍軍縮条約と日英同盟廃棄」（筒井清忠編『大正史講義』、筑摩書房、二〇二一年）二四四～二四五頁。
80 外務省編『日本外交文書　ワシントン会議極東問題』（同刊、一九七六年）五四頁。
81 服部龍二『東アジア国際環境の変動と日本外交　1918－1931』（有斐閣、二〇〇一年）九八頁。
82 前掲『元帥加藤友三郎伝』、二六一頁。
83 前掲石射『外交官の一生』、八二頁。
84 前掲「加藤寛治大将述『ワシントン』会議の追憶」、一六七～一六八頁。
85 以上、前掲「加藤全権伝言」。
86 前掲『加藤友三郎元帥』、五四頁。
87 源田実『真珠湾作戦回顧録』（読売新聞社、一九七二年）二四頁。
88 以上、『東京朝日新聞』、一九二二年三月七日、朝刊。
89 同右。
90 『東京日日新聞』、一九二二年三月一一日、朝刊。
91 『東京朝日新聞』、一九二二年三月一一日、朝刊。
92 『東京日日新聞』、一九二二年三月一一日、朝刊。
93 同右。
94 前掲『海軍軍備制限ヲ中心トスル華府会議　弁妄篇』。
95 「手翰第四集第四巻　一通一巻　島村速雄書翰一通」（都筑馨六関係文書、国立国会図書館憲政資料室）。
96 『昭和天皇実録』第三（東京書籍、二〇一五年）一九二二年三月一六日条、五九三頁。
97 『貞明皇后実録』巻二三（宮内公文書館）一九二二年三月一一日条、二一～二二頁。
98 同右、一九二二年四月四日条、四九頁。

第5章

1 前掲「加藤全権伝言」。
2 前掲拙著『統帥権の独立』、五八～五九頁。
3 拙稿「第1次山本権兵衛内閣における軍部大臣任用資格改革」（『龍谷紀要』四四‐一、二〇二二年）五五頁。
4 『東京朝日新聞』、一九二一年一〇月六日、朝刊。
5 「海軍省意見」（岩壁義光・小林和幸・広瀬順皓編修『田中義一関係文書：山口県文書館所蔵』第四巻、北泉社、二〇〇一年所収、史料番号九二「海軍大臣事務管理問題ニ就テ」添付資料）。
6 「第四十五回帝国議会衆議院議事速記録第二十号」。
7 同右。
8 以上、「第四十五回帝国議会貴族院予算委員第四分科会（陸軍省海軍省）議事速記録第三号」。
9 「大正十一年二月衆議院建議書『陸海軍大臣ノ任用資格ヲ陸海軍大中将ニ制限スル現行官制ハ時代ノ進運ニ適セサルヲ以テ政府ハ速ニ官制ヲ改正シ右制限ヲ撤廃セラレムコトヲ望ム』ニ対スル答弁書案」（『陸海軍大臣任用資格問題ニ関スル件』所収、防衛省防衛研究所）。以下、「大正十一年二月衆議院建議書ニ対スル答弁書」とする。
10 前掲小池「ワシントン海軍軍縮会議前後の海軍部内状況」、七八頁。
11 同右、七七頁。
12 前掲「大正十一年二月衆議院建議書ニ対スル答弁書」。
13 前掲小池「ワシントン海軍軍縮会議前後の海軍部内状況」、六九～七一頁。
14 前掲『原敬日記　第五巻』、一九二一年一〇月五日条、四五六頁。
15 「明治憲法第十二条国会論議と東郷、井上両元帥」（寺島健伝記編集委員編『寺島健伝』、寺島健伝記刊行会、一九七三年）二七〇頁。
16 前掲森山「八八艦隊予算の成立」、五四五～五四六頁。

17 前掲木村『日本海軍連合艦隊の研究』、第一章。
18 黒野耐『帝国国防方針の研究―陸海軍国防思想の展開と特徴―』（総和社、二〇〇〇年）二〇六〜二一一頁。
19 前掲『戦史叢書　大本営海軍部・聯合艦隊〈1〉』、二〇一頁。
20 外務省編『日本外交年表並主要文書』下巻（原書房、一九六六年）一一頁。
21 以上、前掲小池「ワシントン海軍軍縮会議前後の海軍部内状況」、七二〜七五頁。
22 太田久元「政党内閣期の海軍の議会対策」（前掲『日本陸海軍の近代史』）九五頁。
23 太田久元「一九二〇年代以降における海軍艦艇建造計画と造船会社―海軍軍縮条約体制下における艦艇建造―」（前掲『日本海軍と近代社会』）八〇頁。
24 前掲小池「ワシントン海軍軍縮会議前後の海軍部内状況」、七四〜七五頁。
25 「武官大臣制撤廃ニ関聯シ制度改正ノ綱領」（海軍軍令部『大正一三、一二　武官大臣制撤廃ニ関聯シ制度改正ノ綱領』、防衛省防衛研究所）。文中にまだこの時期には採用されていない役職名である「軍令部総長」とあるのは、海軍軍令部がこの時期からすでに、改称を主張していたため。
26 井上成美伝記刊行会編『井上成美』（同刊、一九八二年）資料編九三頁。
27 「海軍省組織に対する軍政調査会試案概要」（前掲『武官大臣制撤廃ニ関聯シ制度改正ノ綱領』）。
28 「第四十六回帝国議会貴族院予算委員会議事速記録第六号」。

第6章

1 古川隆久『大正天皇』（吉川弘文館、二〇〇七年）二〇六頁。
2 伊藤隆・広瀬順晧編『牧野伸顕日記』（中央公論社、一九九〇年）一九二二年六月六日条、五二〜五三頁。
3 同右、一九二二年六月九日条、五三頁。岡義武・林茂校訂『大正デモクラシー期の政治―松本剛吉政治日誌―』（岩波書店、一九五九年）一九二二年六月一二日条、一八五頁。
4 前掲『松本剛吉政治日誌』、一九二二年六月一二日条、一八五頁。
5 『東京朝日新聞』、一九二一年一一月五日、朝刊。
6 『大阪毎日新聞』、一九二二年六月九日、朝刊。なお、「後始末は別人が宜い」という財部の発言を掲載している新聞もある（『東京朝日新聞』、一九二二年六月一一日、朝刊）。ただし、財部は日記に『大阪毎日新聞』と同様の趣旨を記している（前掲『財部彪日記　大正十年・十一年』、一九二二年六月八日条、一一〇頁）。
7 以上、『大阪朝日新聞』、一九二二年六月九日、号外第二号。
8 前掲『松本剛吉政治日誌』、一九二二年六月一〇日条、一八〇頁。
9 『東京朝日新聞』、一九二二年六月一一日、夕刊。
10 『東京日日新聞』、一九二二年六月一四日、朝刊。
11 前掲『松本剛吉政治日誌』、一九二二年六月一二日条、一八六頁。
12 以上、前掲『昭和天皇実録』第三、一九二二年六月一一日条、六四七頁。
13 前田蓮山編『床次竹二郎伝』（床次竹二郎伝記刊行会、一九三九年）六二六～六二七頁。
14 前掲『松本剛吉政治日誌』、一九二二年六月一二日条、一八七頁。
15 以上、『東京朝日新聞』、一九二二年六月一二日、朝刊。
16 『東京朝日新聞』、一九二二年六月一〇日、朝刊。
17 同右、一九二二年六月一二日、朝刊。
18 前掲『松本剛吉政治日誌』、一九二二年六月一二日条、一八四～一八五頁。
19 前掲『牧野伸顕日記』、一九二二年六月九日条、五三頁。
20 前掲『財部彪日記　大正十年・十一年』、一九二二年七月二一日条、一二一頁。
21 小宮一夫「山本権兵衛（準）元老擁立運動と薩派」（近代日本研究会編『年報・近代日本研究・二〇　宮中・皇室と政治』、山川出版社、一九九八年）四一頁。
22 前掲『財部彪日記　大正十年・十一年』、一九二二年六月一五日条、一一二頁。
23 同右、一九二一年五月三一日条、三九頁。
24 前掲『財部彪日記［海軍大臣時代］』、一九二三年三月一日条、二一頁。
25 『東京朝日新聞』、一九二三年四月一二日、朝刊。
26 以下、この項での引用は『東京朝日新聞』、一九二二年六月一六日、朝刊。
27 高橋秀直「原内閣の成立と総力戦政策　『シベリア出兵』決定過程を中心に」（『史林』六八－三、一九八五年）。
28 麻田雅文「シベリア出兵からソ連との国交樹立へ」（前掲『大正史講義』）二一二～二一三頁。
29 『東京朝日新聞』、一九二二年六月二四日、朝刊。
30 麻田雅文『シベリア出兵　近代日本の忘れられた七年戦争』（中央公論新社、二〇一六年）一九八～一九九頁。
31 前掲麻田「シベリア出兵からソ連との国交樹立へ」、二一四頁。
32 前掲「加藤全権伝言」。
33 『東京朝日新聞』、一九二三年四月一日、夕刊。
34 前掲『財部彪日記　大正十年・十一年』、一九二二年一〇月一四日条、一三七頁。
35 「本邦軍縮状況回報の件」、JACAR（アジア歴史資料センター）、Ref.C08051563200、『大正一四年　公文備考　巻一二六　変災、災害、兵事』（防衛省防衛研究所）九三一頁。
36 前掲熊谷『日本軍の人的制度と問題点の研究』、一三六頁。
37 平間洋一「軍縮の履行」（海軍歴史保存会編『日本海軍史第三巻　通史　第四編』、同刊、一九九五年）一〇六頁。
38 高杉洋平「『軍縮期』の社会と軍隊」（前掲『大正史講義』）三九八～三九九頁。
39 前掲古川『大正天皇』、一〇一～一〇五頁、原武史『大正天皇』（朝日新聞社、二〇〇〇年）一二〇～一三一頁。
40 『東京朝日新聞』、一九一二年七月二〇日、朝刊。
41 尚友倶楽部・季武嘉也編『田健治郎日記5［大正十年～大正十二年］』（芙蓉書房出版、二〇一五年）一九二二年九月一九日条、三〇六～三〇七頁。

42 同右、一九二二年一二月一三日条、三四八頁、田健治郎伝記編纂会編『田健治郎伝』（同刊、一九三二年）四九四〜四九五頁。

43 「皇太子殿下台湾行啓一件（1）」、JACAR（アジア歴史資料センター）Ref.C08050682900、『大正一二年　公文備考巻八　儀制』（防衛省防衛研究所）。

44 同右。

45 前掲『昭和天皇実録』第三、一九二三年四月一二日条、八一五頁。

46 同右、八一五〜八一六頁。

47 同右、一九二三年五月一日条、八六〇〜八六一頁。

48 萩原淳『平沼騏一郎と近代日本―官僚の国家主義と太平洋戦争への道』（京都大学学術出版会、二〇一六年）八八〜九〇頁、同『平沼騏一郎　検事総長、首相からA級戦犯へ』（中央公論新社、二〇二一年）八六〜八七頁。

49 三谷太一郎『増補　政治制度としての陪審制　近代日本の司法権と政治』（東京大学出版会、二〇一三年）一七九〜二四〇頁。

50 同右、二四九頁。

51 「第四十六回帝国議会貴族院議事速記録第二号」。

52 同右。

53 「第四十六回帝国議会貴族院議事速記録第二十五号」。

54 『東京日日新聞』、一九二二年八月三日、朝刊。

55 松尾尊兊『普通選挙制度成立史の研究』（岩波書店、一九八九年）二三二〜二三三頁。

56 岡野敬次郎博士伝記編纂委員編『岡野敬次郎伝』（六樹会、一九二六年）三〇五頁。

57 以上、『東京朝日新聞』、一九二二年一〇月二一日、朝刊。

58 前掲松尾『普通選挙制度成立史の研究』、二三七頁。

59 「参考資料／衆議院議員選挙法ニ関スル調査審議ノ結果報告 一冊」、JACAR（アジア歴史資料センター）Ref.A03033662200、『枢密院会議筆記・一、衆議院議員選挙法中改正法律案帝国議会へ提出ノ件・大正十三年御沙汰ニ依リ返上・参考資料・衆議院議員選挙法ニ関スル調査審議ノ結果報告 一冊・衆議院議員選挙法 一冊・選挙権ニ関スル調査資料 一冊・被選挙権ニ関スル調査資料 一冊・選挙方法ニ関スル調査資料 一冊・選挙運動方法ノ取締ニ関スル調査資料 一冊・選挙法ニ関スル参考書 一冊・小学校教員被選挙権要望運動・僧侶被選挙権獲得運動状況 一冊・女子政社並政談集会参加制限撤廃運動 一冊・衆議院議員選挙法罰則対照調 一冊・衆議院議員選挙違犯者調 一冊・地租営業税ノ地方委譲ニ依ル衆議院議員選挙失見見込者数調 一冊・選挙訴訟及当選訴訟ニ関スル大審院判決要旨 一冊・各国選挙事情 一冊・各国選挙法罰則 一冊・英国改正選挙法（一九一八年二月六日）一冊・英国投票法（一八七二年七月十八日）一冊』（国立公文書館）。

60 前掲松尾『普通選挙制度成立史の研究』、二六二頁。

61 季武嘉也「大正社会と改造の潮流」（同編『日本の時代史24　大正社会と改造の潮流』、吉川弘文館、二〇〇四年）七五〜七六頁。

62 以上、前掲『加藤友三郎元帥』、四五〜四六頁。

63 小林幸男「日ソ国交調整の一断面―後藤ヨッフェ交渉開始

の経過―」（『国際政治』六、一九五八年）一三二頁。

64 前掲麻田『シベリア出兵』、一五二〜一五四頁、二〇五頁。

65 『国民新聞』、一九二三年五月三日。

66 前掲『日本外交年表並主要文書』下巻、三五頁。

67 川島真『シリーズ中国近現代史② 近代国家への模索 1894―1925』（岩波書店、二〇一〇年）一九三〜一九五頁、岩谷將「中国国権回収運動」（前掲『大正史講義』）四五五〜四五七頁。

68 以上、前掲服部『東アジア国際環境の変動と日本外交』、一一七〜一二〇頁。

69 「一九二三年五月四日付加藤友三郎書簡」（斎藤実関係文書 書翰の部、国立国会図書館憲政資料室、史料番号六一九‐一八）。

70 同右。

71 『大正十二年 海軍中将岩村清一日記』（防衛省防衛研究所）一九二三年三月二九日条、五月二日条。

72 『東京日日新聞』、一九二三年一月一日、朝刊。

73 前掲『財部彪日記 大正十年・十一年』、一九二二年六月一五日条、一一二頁。

74 拙稿「一九二〇年代の日本海軍における軍部大臣文官制導入問題」（『歴史』一二四、二〇一五年）七六頁。

75 前掲『鈴木貫太郎自伝』、二二五〜二二六頁。

76 前掲平松「第一次世界大戦と加藤友三郎の海軍改革」（三）、一一五〜一一六頁。

77 同右、一一七頁。

78 前掲『財部彪日記〔海軍大臣時代〕』、一九二三年三月一日条、二一頁。

79 同右、一九二三年五月九日条、一三日条、三四〜三五頁。

80 同右、一九二三年五月一六日条、二一日条、三六〜三七頁。

81 同右、一九二四年六月三〇日条、一二四頁。

82 前掲「明治憲法第十二条国会論議と東郷、井上両元帥」、二七〇頁。

83 以上、「法制局長官ノ質問ニ対スル回答」（前掲『陸海軍大臣任用資格問題ニ関スル件』所収）。

84 以上、前掲『元帥加藤友三郎伝』、二一七〜二二〇頁。

85 以上、同右、二二〇頁。

86 以上、同右、二二二頁。前掲『財部彪日記〔海軍大臣時代〕』、一九二三年七月二七日条、五〇頁。

87 前掲『財部彪日記〔海軍大臣時代〕』、一九二三年八月三日条、五二頁。

88 同右、一九二三年八月九日条、五二頁。

89 同右、一九二三年八月一〇日条、五三頁。

90 同右、一九二三年八月一六日条、五四頁。

91 同右、一九二三年八月一七日条、五四頁。

92 前掲『元帥加藤友三郎伝』、二二五頁。

93 前掲『財部彪日記〔海軍大臣時代〕』、一九二三年八月一七日条、五四頁。

94 以上、前掲『元帥加藤友三郎伝』、二二四頁。

95 同右、二二六〜二二七頁。

96 前掲『財部彪日記〔海軍大臣時代〕』、一九二三年八月二一日条、五五頁。

97 同右、一九二三年八月二三日条、五六頁。

98 前掲『元帥加藤友三郎伝』、二二九～二三〇頁。

99 以上、「故元帥海軍大将加藤友三郎葬儀一件（1）」、JACAR（アジア歴史資料センター）、Ref.C08050690200、『大正一二年　公文備考　巻一二　儀制』（防衛省防衛研究所）、「故元帥海軍大将加藤友三郎葬儀一件（2）」、JACAR（アジア歴史資料センター）、Ref.C08050690300、『大正一二年　公文備考　巻一二　儀制』（防衛省防衛研究所）、「故元帥海軍大将加藤友三郎葬儀一件（3）」、JACAR（アジア歴史資料センター）、Ref.C08050690400、『大正一二年　公文備考　巻一二　儀制』（防衛省防衛研究所）、前掲『財部彪日記［海軍大臣時代］』、一九二三年八月二八日条、五七頁。

100 「故元帥海軍大将加藤友三郎葬儀一件（5）」、JACAR（アジア歴史資料センター）、Ref.C08050690600、『大正一二年　公文備考　巻一二　儀制』（防衛省防衛研究所）。

101 『朝日新聞』、一九七三年九月六日、朝刊。

おわりに

1 『東京日日新聞』、一九二三年一月一日、朝刊。

2 前掲高木『自伝的日本海軍始末記』、五〇頁。

3 E・H・カー著、清水幾太郎訳『歴史とは何か』（岩波書店、一九六二年）一四三頁。

参考文献一覧

史料・回想録などについては各章の註を参照

複数の章で参考にした文献

新井達夫『加藤友三郎』（時事通信社、一九五八年）
池田清『海軍と日本』（中央公論社、一九八一年）
池田清『日本の海軍』上下（至誠堂、一九六六～六七年）
伊藤之雄『山県有朋　愚直な権力者の生涯』（文藝春秋、二〇〇九年）
海軍歴史保存会編『日本海軍史　第七巻　機構　人事　予算決算　艦船　航空機　兵器』（同刊、一九九五年）
加藤元帥伝記編纂委員会編『元帥加藤友三郎伝』（宮田光雄、一九二八年）
木村聡『日本海軍連合艦隊の研究』（北海道大学出版会、二〇二二年）
木村聡『聯合艦隊―「海軍の象徴」の実像』（中央公論新社、二〇二二年）
熊谷光久『日本軍の人的制度と問題点の研究』（国書刊行会、一九九四年）
小池聖一「大正後期の海軍についての一考察　第一次・第二次財部彪海相期の海軍部内を中心に」（『軍事史学』二五－一、一九八九年）
小池聖一「ワシントン海軍軍縮会議前後の海軍部内状況―『両加藤の対立』再考―」（『日本歴史』四八〇、一九八八年）
小林道彦『山県有朋　明治国家と権力』（中央公論新社、二〇二三年）
佐々木雄一『帝国日本の外交1894－1922　なぜ版図は拡大したのか』（東京大学出版会、二〇一七年）
清水唯一朗『原敬　「平民宰相」の虚像と実像』（中央公論新社、二〇二一年）
季武嘉也『原敬　日本政党政治の原点』（山川出版社、二〇一〇年）
季武嘉也「大正社会と改造の潮流」（同編『日本の時代史24　大正社会と改造の潮流』、吉川弘文館、二〇〇四年）
季武嘉也『大正期の政治構造』（吉川弘文館、一九九八年）
竹内正浩『「家系図」と「お屋敷」で読み解く歴代総理大臣　明治・大正篇』（実業之日本社、二〇一七年）
田中宏巳『秋山真之』（吉川弘文館、二〇〇四年）
田中宏巳『東郷平八郎』（筑摩書房、一九九九年）
奈良岡聰智『加藤高明と政党政治　二大政党制への道』（山川出版社、二〇〇六年）
西尾林太郎『加藤友三郎』（吉川弘文館、二〇二四年）
野村實『日本海軍の歴史』（吉川弘文館、二〇〇二年）
服部龍二『東アジア国際環境の変動と日本外交　1918－1931』（有斐閣、二〇〇一年）
平松良太「第一次世界大戦と加藤友三郎の海軍改革―一九一五～一九二三年―」（『法学論叢』一六七－六、一六八－四、一

六八‐六、二〇一〇〜二〇一一年）
防衛庁防衛研修所戦史室『戦史叢書　大本営海軍部・聯合艦隊〈1〉―開戦まで―』（朝雲新聞社、一九七五年）
御厨貴編『増補新版　歴代首相物語』（新書館、二〇一三年）
森靖夫『日本陸軍と日中戦争への道―軍事統制システムをめぐる攻防―』（ミネルヴァ書房、二〇一〇年）
森山優「八八艦隊予算の成立」（海軍歴史保存会編『日本海軍史　第二巻　通史　第三編』、同刊、一九九五年）
拙著『統帥権の独立　帝国日本「暴走」の実態』（中央公論新社、二〇二四年）
拙著『日本海軍と政治』（講談社、二〇一五年）
拙稿「予算要求の論理から見たワシントン会議における海軍内の対立」（『ヒストリア』二九七、二〇二三年）
拙稿「一九二〇年代の日本海軍における軍部大臣文官制導入問題」（『歴史』一二四、二〇一五年）

はじめに

兒玉州平・手嶋泰伸編『日本海軍と近代社会』（吉川弘文館、二〇二三年）

第1章

雨倉孝之「山本海軍大臣の就任」（海軍歴史保存会編『日本海軍史　第一巻　通史　第一・二編』、同刊、一九九五年）
雨倉孝之「対清準備から日清戦争へ」（同右）
小川原正道『西郷従道―維新革命を追求した最強の「弟」』（中央公論新社、二〇二四年）
尾佐竹猛著、三谷太一郎校注『大津事件―ロシア皇太子大津遭難―』（岩波書店、一九九一年）
金澤裕之『幕府海軍　ペリー来航から五稜郭まで』（中央公論新社、二〇二三年）
末国正雄「教育」（海軍歴史保存会編『日本海軍史　第五巻　部門小史（上）』、同刊、一九九五年）
田中宏巳「政府と海軍」（前掲『日本海軍史　第一巻』）
保田孝一『最後のロシア皇帝ニコライ二世の日記　増補』（朝日新聞社、一九九〇年）
H・カレール＝ダンコース著、谷口侑訳『甦るニコライ二世　中断されたロシア近代化への道』（藤原書店、二〇〇一年）

第2章

雨倉孝之「海軍諸制度改革」（前掲『日本海軍史　第一巻』）
伊香俊哉『近代日本と戦争違法化体制―第一次世界大戦から日中戦争へ―』（吉川弘文館、二〇〇二年）
大江志乃夫『バルチック艦隊　日本海海戦までの航跡』（中央公論新社、一九九九年）
大江志乃夫『東アジア史としての日清戦争』（立風書房、一九九八年）
大江志乃夫『日露戦争の軍事史的研究』（岩波書店、一九七六年）
海軍軍令部編『廿七八年海戦史』上巻（春陽堂、一九〇五年）
古結諒子『日清戦争における日本外交　東アジアをめぐる国際関係の変容』（名古屋大学出版会、二〇一六年）
小森陽一・成田龍一編著『日露戦争スタディーズ』（紀伊國屋

書店、二〇〇四年）
斎藤聖二『日清戦争の軍事戦略』（芙蓉書房出版、二〇〇三年）
佐々木雄一『リーダーたちの日清戦争』（吉川弘文館、二〇二二年）
佐々木雄一『陸奥宗光　「日本外交の祖」の生涯』（中央公論新社、二〇一八年）
高橋秀直『日清戦争への道』（東京創元社、一九九五年）
田中宏巳『小笠原長生と天皇制軍国思想』（吉川弘文館、二〇二一年）
千葉功『旧外交の形成―日本外交一九〇〇～一九一九』（勁草書房、二〇〇八年）
外山三郎『日本海軍史』（教育社、一九八〇年）
西尾林太郎「加藤友三郎と日露戦争」（『愛知淑徳大学論集―交流文化学部篇―』一三、二〇二三年）
野村實『日本海海戦の真実』（講談社、一九九九年）
原田敬一『戦争の日本史19　日清戦争』（吉川弘文館、二〇〇八年）
原田敬一『シリーズ日本近現代史③　日清・日露戦争』（岩波書店、二〇〇七年）
藤村道生『日清戦争―東アジア近代史の転換点』（岩波書店、一九七三年）
室山義正『近代日本の軍事と財政　海軍拡張をめぐる政策形成過程』（東京大学出版会、一九八四年）
森万佑子『韓国併合　大韓帝国の成立から崩壊まで』（中央公論新社、二〇二二年）
山田朗『戦争の日本史20　世界史の中の日露戦争』（吉川弘文館、二〇〇九年）
山田朗「東郷平八郎の虚像と実像」（『歴史評論』四六九、一九八九年）
拙稿「日本海海戦における東郷平八郎の描かれ方」（『龍谷紀要』四六‐一、二〇二四年）

第3章

飯島直樹「一九二〇年代の軍事輔弼体制と軍政優位体制の相克―元帥府をめぐる陸海軍関係の展開―」（『日本史研究』七一八、二〇二二年）
我部政明「日本のミクロネシア占領と『南進』―軍政期（一九一四年から一九二二年）を中心として―」（一）（『法学研究』五五‐七、一九八二年）
神山恒雄「海軍力充実と財政・政治」（前掲『日本海軍史　第二巻』）
金原左門「寺内内閣―「超然」と政党制のはざまで―」（林茂・辻清明編『日本内閣史録2』、第一法規出版、一九八一年）
小池聖一「第一次大戦と日本海軍」（前掲『日本海軍史　第二巻』）
小磯隆広「日本海軍の大正デモクラシー認識」（黒沢文貴編『日本陸海軍の近代史　秩序への順応と相克1』、東京大学出版会、二〇二四年）
酒井一臣「シーメンス事件はなぜ『シーメンス事件』と呼ばれるのか」（前掲『日本海軍と近代社会』）
鈴木淳「日露戦争後海軍力充実計画と帝国国防方針」（前掲

『日本海軍史　第二巻』）
高橋秀直「寺内内閣期の政治体制」（『史林』六七－四、一九八四年）
中村尚美「第二次大隈内閣－中国侵略の起点をつくった内閣－」（前掲『日本内閣史録2』）
波多野勝『裕仁皇太子ヨーロッパ外遊記』（草思社、一九九八年）
古川隆久『昭和天皇「理性の君主」の孤独』（中央公論新社、二〇一一年）
増田知子「海軍拡張問題の政治過程　一九〇六～一四年」（近代日本研究会編『年報・近代日本研究・四　太平洋戦争　開戦から講和まで』、山川出版社、一九八二年）
室山義正「日露戦後財政と海軍拡張政策－『八・八』艦隊構想の財政過程－」（原朗編『近代日本の経済と政治』、山川出版社、一九八六年）
山本四郎「第一次山本内閣－政治改革をめざして－」（前掲『日本内閣史録2』）
拙稿「法文学部創出理由の再検討」（『東北大学史料館研究報告』一八、二〇二三年）

第4章

麻田貞雄「ワシントン海軍軍縮の政治過程－ふたりの加藤をめぐって－」（『同志社法学』二五五、一九九八年）
麻田貞雄『両大戦間の日米関係　海軍と政策決定過程』（東京大学出版会、一九九三年）
鹿島守之助『日本外交史13　ワシントン会議及び移民問題』（鹿島研究所出版会、一九七一年）
熊本史雄『幣原喜重郎　国際協調の外政家から占領期の首相へ』（中央公論新社、二〇二一年）
小林龍夫「海軍軍縮条約」（日本国際政治学会太平洋戦争原因研究部編『太平洋戦争への道　開戦外交史1　満州事変前夜』、朝日新聞社、一九六三年）
瀬川善信「ワシントン会議（1921～1922）と七割海軍問題－加藤友三郎と加藤寛治－」（『法学新報』九一－一・二、一九八四年）
種稲秀司『幣原喜重郎』（吉川弘文館、二〇二一年）
中谷直司「何がワシントン会議の『限界』をもたらしたのか－国際政治の意図されざる結果－」（前掲『日本海軍と近代社会』）
中谷直司「ワシントン会議　海軍軍縮条約と日英同盟廃棄」（筒井清忠編『大正史講義』、筑摩書房、二〇二一年）
中谷直司『強いアメリカと弱いアメリカの狭間で　第一次世界大戦後の東アジア秩序をめぐる日英関係』（千倉書房、二〇一六年）
服部龍二『幣原喜重郎と二十世紀の日本　外交と民主主義』（有斐閣、二〇〇六年）
細谷雄一『国際秩序　18世紀ヨーロッパから21世紀アジアへ』（中央公論新社、二〇一二年）
George T. Davis "A Navy Second to None: The Development of Modern American Naval Policy", New York, 1940
Ian Gow "Military Intervention in Pre-war Japanese Politics: Admiral Katō Kanji and the 'Washington System'", New York,

2004
Sadao Asada 'From Washington to London: The Imperial Japanese Navy and the Politics of Naval Limitation, 1921–1930', Erik Goldstein and John Maurer edit. "The Washington Conference, 1921–22: Naval Rivalry, East Asian Stability and the Road to Pearl Harbor", London; Portland, 1994

第5章

太田久元「政党内閣期の海軍の議会対策」（前掲『日本陸海軍の近代史』）
太田久元「一九二〇年代以降における海軍艦艇建造計画と造船会社―海軍軍縮条約体制下における艦艇建造―」（前掲『日本海軍と近代社会』）
黒野耐『帝国国防方針の研究―陸海軍国防思想の展開と特徴―』（総和社、二〇〇〇年）
拙稿「第1次山本権兵衛内閣における軍部大臣任用資格改革」（『龍谷紀要』四四―一、二〇二二年）

第6章

麻田雅文「シベリア出兵からソ連との国交樹立へ」（前掲『大正史講義』）
麻田雅文『シベリア出兵　近代日本の忘れられた七年戦争』（中央公論新社、二〇一六年）
池井優「日本の対ソ承認（一九一七―一九二五）　対ソ交渉過程の外交史的研究」（『法学研究』四六―一一、一九七三年）
岩谷將「中国国権回収運動」（前掲『大正史講義』）
江口圭一『大系日本の歴史14　二つの大戦』（小学館、一九九三年）
川島真『シリーズ中国近現代史②　近代国家への模索　1894―1925』（岩波書店、二〇一〇年）
小林幸男「日ソ国交調整の一断面―後藤ヨッフェ交渉開始の経過―」（『国際政治』六、一九五八年）
小宮一夫「山本権兵衛（準）元老擁立運動と薩派」（近代日本研究会編『年報・近代日本研究・二〇　宮中・皇室と政治』、山川出版社、一九九八年）
季武嘉也・武田知己編『日本政党史』（吉川弘文館、二〇一一年）
高杉洋平「『軍縮期』の社会と軍隊」（前掲『大正史講義』）
高橋秀直「原内閣の成立と総力戦政策　『シベリア出兵』決定過程を中心に」（『史林』六八―三、一九八五年）
茶谷誠一『牧野伸顕』（吉川弘文館、二〇一三年）
鳥海靖「高橋内閣―政界再編成の陣痛―」（前掲『日本内閣史録2』）
萩原淳『平沼騏一郎　検事総長、首相からA級戦犯へ』（中央公論新社、二〇二一年）
萩原淳『平沼騏一郎と近代日本　官僚の国家主義と太平洋戦争への道』（京都大学学術出版会、二〇一六年）
原武史『大正天皇』（朝日新聞社、二〇〇〇年）
平間洋一「軍縮の履行」（海軍歴史保存会編『日本海軍史　第三巻　通史　第四編』、同刊、一九九五年）
古川隆久『大正天皇』（吉川弘文館、二〇〇七年）
古屋哲夫「加藤（友）内閣―軍備縮小とシベリア撤兵―」（前

掲『日本内閣史録2』）
升味準之輔『日本政党史論』第五巻（東京大学出版会、一九七九年）
松尾尊兊『普通選挙制度成立史の研究』（岩波書店、一九八九年）
松尾尊兊「加藤友三郎内閣期の選挙法改正問題」（『史林』六五－六、一九八二年）
三谷太一郎『増補　政治制度としての陪審制　近代日本の司法権と政治』（東京大学出版会、二〇一三年）
村井良太『政党内閣制の成立　一九一八～二七年』（有斐閣、二〇〇五年）
室山義正『松方正義－我に奇策あるに非ず、唯正直あるのみ－』（ミネルヴァ書房、二〇〇五年）
若林正丈「一九二三年東宮台湾行啓と『内地延長主義』」（『岩波講座　近代日本と植民地2　帝国統治の構造』、岩波書店、一九九二年）
拙稿「加藤友三郎と岡田啓介」（『日本歴史』八七八、二〇二一年）

おわりに

E・H・カー著、清水幾太郎訳『歴史とは何か』（岩波書店、一九六二年）

主要図版出典一覧

国立国会図書館　V、一四九（上）頁

あとがき

筆者はこれまで、近代日本の海軍を政治史的に分析する研究を続けてきたが、あるときから、先行研究における加藤友三郎像について二つの違和感を抱くようになった。

一つは、友三郎の人物像が一貫していなかったことだ。

友三郎がワシントン会議において、その識見から軍縮に応じたということは高く評価される。「国防は軍人の専有物にあらず」という友三郎の言葉は、その識見を示すものとして有名だ。

だが、それほどの識見を持っていたのなら、なぜ巨額の財政負担を伴う八八艦隊を実現しようとしたのだろうか。八八艦隊により国家財政が危機に瀕したにもかかわらず、それを実現した友三郎を高く評価してよいものかどうか、判断がつかなかった。加えて、友三郎はワシントン会議後、補助艦建造予算の獲得に邁進する。「国防は軍人の専有物にあらず」と発言していたにもかかわらずだ。

「国防は軍人の専有物にあらず」の発言とそれへの評価だけで、一つの説得力のある友三郎の人物像を結ぶことができるとは思えなかった。ワシントン会議においてみられたような友三郎の識見と評価を前提にして別の時期の友三郎をみるのではなく、友三郎のまだ知られていない言動を集め、友三郎の変化の過程を解明する必要があると感じた。

二つ目の違和感は、政治史と海軍史での友三郎の扱いの差の大きさだ。海軍史の研究は、友三郎を非常に高く評価して記述する。その一方で、政治史の研究はワシントン会議での友三郎の指導力に多少言及はするものの、一九二〇年代までの藩閥官僚政治・元老政治から政党政治への移り変わりを描く際に、友三郎をほとんど登場させない。総理大臣を務めたのであるから、大きな期待が寄せられる人物であったはずなのに、友三郎が果たした歴史的役割がまったくわからなかった。

一九一〇～二〇年代という、政党政治の模索と定着が大きな政治的関心事であった時期に長く政治の中枢にいたのならば、軍人でありながらも、友三郎を政党政治の歴史のなかに位置付ける必要があるのではないかと感じた。友三郎の評価や分析は、彼の軍人としての側面に偏り過ぎているように思え、政治家としての側面に光を当ててみたいと考えるようになった。

右のようなことを漠然と考えていたところ、前著『統帥権の独立』を上梓したのち、担当していただいた中央公論新社の白戸直人氏が、前著で触れた友三郎に興味を持ち、評伝を書くことを勧めてくださった。白戸氏には前著に引き続き、わかりやすく伝えるための有益なアドヴァイスを多数いただいた。そればかりでなく、政治史のなかではそれほど知名度があるとは言い難い人物の評伝を出すことに不安を抱く筆者を励まし、背中を押していただいた。

評伝というジャンルは、前述した二つの違和感を解消するのにうってつけであった。本書でみてきたように、世論に対する注目という観点で友三郎の言動や変化を分析すると、友三郎の人物像を一つにまとめることができただけでなく、政党政治の歴史のなかにおける、友三郎の役割もみえてきた。本書によって、長年抱えていた疑問に、自分なりの解答を出せたように感じる。

また、これまでの友三郎の伝記は、エピソードの史料的な根拠がはっきりしないものが少なくなかった。註のある選書での評伝は、史料的な根拠を示しながら記述できるため、ありがたかった。本書では友三郎の言動について、出典を示しながら記述してあるので、掲載した史料をもとに、友三郎に関する研究がより広がっていくことを願っている。

本書の執筆にあたって、友三郎の玄孫にあたる加藤健太郎氏には、とくに感謝を申し上げたい。以前より、友三郎について触れた論文をお送りした際には、読みにくい学術論文であるにもかかわらず、丁寧に目を通しては激励を寄せてくださった。本書の準備を進めるなかで、健太郎氏からは加藤家に伝わる多くの興味深い話を教えていただいただけでなく、貴重な史料や写真の提供も受けた。

健太郎氏から紹介された友三郎のエピソードを記している書籍のなかには、筆者もその存在を知らなかったものがあった。そこからは、史資料の収集にもより熱が入った。そうした書籍にまで目を通さなければ、子孫ですら友三郎の事績や人物像を知ることができないという状況が、本書によって多少なりとも変化すれば幸いである。

二〇二四年一一月

手嶋泰伸

加藤友三郎 略年譜

年	月	事項
一八六一年	四月一日	（文久元年二月二二日）広島藩士加藤七郎兵衛（学問所助教授）の三男として広島大手町に生まれる
一八七二年	二月	兄種之助と上京
一八七三年	一〇月	海軍兵学寮予科入学
一八七六年	九月	海軍兵学校本科入学
一八七九年	九月	筑波稽古艦乗組
一八八〇年	四月	北米に遠洋航海出発
	一二月	海軍兵学校卒業（海兵七期）、海軍少尉補、海軍兵学校通学
一八八一年	三月	乾行乗組
	九月	摂津乗組
一八八二年	四月	龍驤乗組
	一二月	南米に遠洋航海出発
一八八三年	一〇月	（～八四年一〇月）海軍兵学校通学
	一一月	海軍少尉に任官
一八八四年	一〇月	摂津乗組

一八八六年	二月	海軍兵学校砲術教授心得兼生徒分隊士心得
	一二月	海軍大尉に進級
		海軍兵学校砲術教授
一八八七年	七月	筑波分隊長
	九月	北米に遠洋航海出発
一八八八年	九月	海軍大学校副官
	一一月	海軍大学校甲号学生（一期）
一八八九年	七月	海軍大学校卒業
	八月	浅間乗組
一八九〇年	五月	高千穂砲術長
	七月	恵美鉄允二女喜代子と結婚
	一二月	母竹死去
一八九一年	四月	横須賀海兵団分隊長
	七月	海軍参謀部出仕
	一〇月	造兵監督官（一一月よりイギリス出張）
	一一月	兄種之助死去
一八九二年	二月	家督を相続
	六月一二日	長女喜美子生まれる
一八九三年	六月	吉野回航委員、吉野砲術長
	三月	呉に帰着
一八九四年	七月	佐世保から出征

	一二月	海軍省軍務局第一課課僚
一八九五年	二月	海軍少佐に進級
一八九六年	一一月	兼海軍大学校教官
一八九七年	四月	海軍省軍務局軍事課課僚兼海軍大学校教官
	一二月	海軍中佐に進級、八島副長
一八九八年	一〇月	筑紫艦長、清国に出張
一八九九年	六月	海軍省軍務局軍事課長心得
	九月	海軍大佐に進級、海軍省軍務局軍事課長
一九〇〇年	五月	海軍省軍務局第一課長
	五月	（〜一二月）兼海軍省教育本部第一部長
	六月	（〜〇一年二月）兼海軍省軍務局第二課長
一九〇一年	四月	（〜〇二年六月）兼海軍省軍務局第二課長
一九〇二年	六月	常備艦隊参謀長
一九〇三年	一〇月	海軍省軍務局第一課長兼第二課長
	一一月	軍務局局員
	一二月	第二艦隊参謀長
一九〇四年	二月	出雲に乗組、佐世保から出征
	九月	海軍少将に進級
一九〇五年	一一月	第一艦隊兼連合艦隊参謀長
	六月	連合艦隊参謀長
	一二月	海軍省軍務局長、海軍武功調査委員

一九〇六年	一月	海軍次官
		（〜一一月）兼海軍省軍務局長
一九〇七年	五月	海軍省司法局長欠員中事務取扱（五月三〇日に財部彪が司法局長事務取扱）
一九〇八年	八月	海軍中将に進級
一九〇九年	一二月	呉鎮守府司令長官
一九一〇年	一〇月	長女喜美子が海軍大尉船越隆義に嫁す
一九一二年	九月	海軍大演習審判官
一九一三年	一二月	第一艦隊司令長官
一九一四年	八月二八日	佐世保から出征
一九一五年	八月	（〜二三年五月）海軍大臣（第二次大隈重信内閣、寺内正毅内閣、原敬内閣、高橋是清内閣、加藤友三郎内閣）
	八月	海軍大将に進級
一九二〇年	九月	男爵
一九二一年	九月	ワシントン会議首席全権委員
	一〇月一五日	出発
一九二二年	三月一〇日	帰朝
	六月一二日	内閣総理大臣（特に現役に列せられる。二三年五月まで海相兼任）
一九二三年	三月	姉静死去
	五月二四日	海軍大臣官邸から青山南町六丁目の自邸に転居す
	八月二四日	死去、正二位大勲位菊花大綬章子爵、元帥
	九月　二日	加藤友三郎内閣総辞職

手嶋泰伸

1983年宮城県生まれ。2006年東北大学文学部卒業。11年同大学大学院文学研究科博士課程後期修了。博士（文学）。日本学術振興会特別研究員、東北学院大学非常勤講師、国立高専機構福井工業高等専門学校講師などを経て、現在、龍谷大学文学部准教授。専門は日本近現代史。著書に『昭和戦時期の海軍と政治』（吉川弘文館、2013年）、『海軍将校たちの太平洋戦争』（吉川弘文館、2014年）、『日本海軍と政治』（講談社、2015年）、『統帥権の独立』（中央公論新社、2024年）。共著に『昭和史講義【軍人篇】』（筑摩書房、2018年）他多数。

加《か》藤《とう》友《とも》三《さぶ》郎《ろう》
——政党政治《せいとうせいじ》を見透《みとお》した軍人政治家《ぐんじんせいじか》

〈中公選書 158〉

著 者 手《て》嶋《しま》泰《やす》伸《のぶ》

2025年 4 月10日 初版発行

発行者 安 部 順 一

発行所 中央公論新社
〒100-8152 東京都千代田区大手町 1-7-1
電話 03-5299-1730（販売）
03-5299-1740（編集）
URL https://www.chuko.co.jp/

DTP 市川真樹子
印刷・製本 大日本印刷

Published by CHUOKORON-SHINSHA, INC.
Printed in Japan ISBN978-4-12-110160-0 C1321
定価はカバーに表示してあります。

中公選書　好評既刊

127
聯合艦隊
「海軍の象徴」の実像

木村　聡著

日清戦争時の臨時組織に過ぎなかった聯合艦隊は日露戦争の栄光を引っ提げ、常置されるものとなったが――。これまで海軍史の一部分でしかなかった聯合艦隊を中心に据えた初の通史。

135
山本五十六
――アメリカの敵となった男

相澤　淳著

日米開戦の積極論者か、悲劇の英米協調派か。航空戦力への先見の明、山本の転機となったロンドン軍縮会議、そして対米認識の変遷に着目し、最も著名な連合艦隊司令長官の実像を描く。

136
封じ込めの地政学
――冷戦の戦略構想

鈴木健人著

第二次大戦後、アメリカはそれまでの孤立主義から舵を切り、西側諸国による対ソ戦略を打ち出した。ケナンが構想し、新たな世界秩序を創り出した封じ込め戦略の本質を緻密にたどる。

137
関東大震災がつくった東京
――首都直下地震へどう備えるか

武村雅之著

関東大震災の被害は、人口増を考慮しても、元禄・安政地震に比べ著しく大きい。被害を拡大させた要因は何か。江戸・東京の発展と震災後の帝都復興から、都市の在り方を考える。

139
戦争とデータ
死者はいかに数値となったか

五十嵐元道著

近年、戦場での死者数は、国家や国連から統計学や法医学を駆使する国際的ネットワークが算出するようになった。「ファクト」を求める二〇〇年に及ぶ苦闘の軌跡。**大佛次郎論壇賞受賞作**

140
政治家　石橋湛山
——見識ある「アマチュア」の信念

鈴村裕輔著

戦前日本を代表する自由主義者・言論人は、戦後まもなく現実政治に飛び込む。派閥を率い、大臣を歴任し、首相となるも……。石橋は自らの政治理念を実現できたのか。その真価を問う。

141
ケネディという名の神話
——なぜ私たちを魅了し続けるのか

松岡　完著

衝撃的な暗殺から六〇年。良きにつけ悪しきにつけ、ケネディの遺産は今なお生き続けている。ケネディの魅力の源泉は何か。なぜ神話化が可能だったのか。生前・死後を包括的に検証する。

143
権力について
ハンナ・アレントと「政治の文法」

牧野雅彦著

暴力の支配するところに、本当の意味の権力は存在しない——世界の行く末が見通せない時代に、ますます重みを増すその思想を第一人者が読み解き、人間と政治の根源的な関係性を探る。

144

マッカーサー

——20世紀アメリカ最高の軍司令官なのか

リチャード・B・フランク著
ブライアン・ウォルシュ監訳
ウォルシュあゆみ訳

「天才的な軍人」でもなく、「中身のない大法螺吹き」でもない、生身の人間像が浮かび上がる。その言動や彼を取り巻く出来事は、アメリカの軍隊と軍人について知る上で示唆に富む。

145

明治六大巡幸

「報道される天皇」の誕生

奥　武則著

「可視化された天皇」の出現として位置づけられる明治六大巡幸と近代的新聞が次々に創刊された同時代性に着目し、当時の新聞が「国民国家」形成に果たした役割を明らかにする。

146

統帥権の独立

——帝国日本「暴走」の実態

手嶋泰伸著

大日本帝国崩壊の最大要因とされてきた統帥権の「独立」。元老らはなぜ「独立」を支持し、政党人や軍人に否定論者がいながら、なぜ維持されたのか。明治期から敗戦までの政軍攻防史。

147

日本の小説の翻訳にまつわる特異な問題

——文化の架橋者たちがみた「あいだ」

片岡真伊著

谷崎、川端、三島の何が英語にならないのか。米クノップフ社「日本文学翻訳プログラム」の史料群に分け入り、作家、翻訳者、編集者間の葛藤の根源を解明する。**サントリー学芸賞受賞作**

148 日米ガイドライン——自主防衛と対米依存のジレンマ

北井邦亮著

憲法第九条を持つ日本は、どこまで軍事的な役割を担うことができるのか。一九七八年の策定以来の進化の軌跡を、日本の自主性の発露という視角から捉える。

猪木正道賞特別賞受賞作

149 インカ帝国——歴史と構造

渡部森哉著

一五世紀にアンデス山脈の山間部から台頭した巨大な政治組織。その領域は南北四〇〇〇キロに及び、およそ八〇もの民族集団を統治したこの帝国の全体像を人類史的視野の下に再現する。

150 ロシアとは何ものか——過去が貫く現在

池田嘉郎著

過去一〇〇年ほどのあいだに、帝政から共産党独裁へ、そして大統領制国家へと変転を遂げたロシア。だが、権力者が法の上に君臨し続けるという基本構造は同じだ。その全体像を摑む。

151 「モディ化」するインド——大国幻想が生み出した権威主義

湊　一樹著

世界一の人口、急成長の経済で注目されるインド。世界最大の民主主義国として評価も高いがその実態は異なる。ナレンドラ・モディの首相就任後、権威主義化が急速に進む実像を描く。

152
チャップリンが見たファシズム
――喜劇王の世界旅行 1931-1932
大野裕之著

『街の灯』公開後、世界一周に出掛けたチャップリン。世界全体が激動の時代を迎えていた中、遭遇したファシズムの萌芽、来日と自身の暗殺計画――。一次資料を元にその足跡を追う。

153
「戦後」を読み直す
――同時代史の試み
有馬　学著

むのたけじ、山口瞳、『間違いだらけのクルマ選び』……。敗戦の年に生まれた歴史家が、人生のその時々に影響を受けた書物を読み返し、血肉化された「戦後」的価値観の解体過程を追う。

154
現代アジアの民主と独裁
――なぜ民主主義国で二世指導者が生まれるのか
岩崎育夫著

民主主義国であっても指導者一族が権力を握るのはなぜか――。韓国、北朝鮮からベトナム、インドまで一五ヵ国の国家形成と指導者を横並びで比較・考察し、その共通性と固有性を探る。

155
昭和天皇の敗北
――日本国憲法第一条をめぐる闘い
小宮　京著

元首から「象徴」へ――。憲法改正の過程をつぶさに検証し、国民主権と国体護持をめぐって繰り広げられた日本政府とGHQ、法学者らの激しい攻防から昭和天皇の真意を明らかにする。